Martin Burckhardt

Eine kleine Geschichte
der großen Gedanken

Martin Burckhardt

Eine kleine Geschichte der großen Gedanken

Wie die Philosophie unsere Welt erfand

**Mit Illustrationen
von Jörg Hülsmann**

Erste Auflage 2008
© 2008 DuMont Buchverlag, Köln
Alle Rechte vorbehalten
Umschlag: Zero, München
Gesetzt aus der DTL Documenta und der Neuen Helvetica
Gedruckt auf säurefreiem und chlorfrei gebleichtem Papier
Satz: Fagott, Ffm
Druck und Verarbeitung: CPI – Clausen & Bosse, Leck
Printed in Germany

ISBN 978-3-8321-8083-6

Inhalt

Einleitung 7
Das ABC 15
Das Münzgeld 21
Gottvater 25
Das Gymnasium 31
Die Rhetorik 35
Die Wahrheit 41
Die Logik 47
Selbsterkenntnis 51
Das Recht 57
Das Kreuz 62
Reinheit 67
Arbeit 73
Die Uhr 78
Der Fiskus 85
Die Einbildungskraft 92
Die Zentralperspektive 96
Die Buchgesellschaft 101

Das Individuum 106
Die Null 112
Die Politik 118
Der Staat 123
Die Zentralbank 129
Die Natur 135
Die Aufklärung 140
Ökonomie 146
Die Geschichte 152
Die Evolution 157
Das Kapital 162
Der Computer 167
Das Unbewusste 173
Der Aktenordner 178
Die Bombe 182
Sex 187
Information 193
Die DNA 199

Einleitung

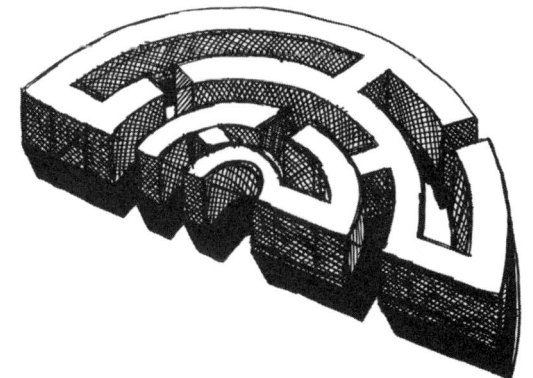

Ein Duft, ein Pullover, ein Handbuch der Verführung oder ein Navigationssystem – ja, das sind Dinge, die einem *wirklich* was nützen. Aber Philosophie! Muss man denn wirklich wissen, was tote Denker, an deren Namen sich kaum jemand erinnert, mal gedacht haben? Um Gottes willen, nein! Denn es ist zweifellos so, dass man, wenn man eine Bibliothek betritt, zuallererst einen Haufen Staub aufwirbelt; ganz zu schweigen einmal von all den Gedankensplittern, die längst von der Erdoberfläche verschwunden sind und die man eigens ausgraben müsste, eine *Schädelstätte des Geistes*, wie ein großer Denker dies einmal treffend charakterisiert hat.

Nein, wenn wir etwas wollen, wollen wir es jetzt. Denn nicht um irgendeine Nach- oder Hinterwelt, sondern um den Augenblick geht es uns: jetzt und hier. Andererseits: Stellen wir uns vor, dass sich unsere Träume einlösen, dass sich das Scheinwerferlicht ganz auf uns, nein, ganz auf mich, mich allein einstellen wird – was dann? Was wäre der große Gedanke, mit dem ich aufwarten könnte? Bei dieser Frage fällt mir eine Geschichte von Obelix ein, der nun wirklich nur Dinge kennt, die ihre Nützlichkeit unter Beweis gestellt haben (Hinkelsteine, Römer und gutes Es-

sen). Obelix soll bei einer Theateraufführung auftreten. Und weil es sich um ein modernes Theaterstück handelt, bei dem es vor allem darauf ankommt, das Publikum zu erschrecken, sagt der Regisseur: »Es ist ganz egal, was du sagst. Sag einfach, was du willst!« Aber diese Aufforderung ist so fürchterlich beunruhigend, dass der Arme sich tagelang darüber den Kopf zerbricht (»die Botschaft, was ist mit der Botschaft?«), und als er dann auf der Bühne steht, wird ihm ganz grün, ganz rot, ganz gelb und ganz schlecht – und er sagt das Einzige, was ihm in diesem Augenblick einfällt: »Die spinnen, die Römer!« Das ist auch schon die ganze Obelix-Philosophie, in einem Satz zusammengefasst.
Das Verhältnis, das die meisten Menschen zur Philosophie unterhalten, entspricht exakt dem, das Obelix zur *Botschaft* unterhält. Wenn wir vor dem Spiegel stehen oder uns ein Butterbrot schmieren, da stört sie nicht weiter, die Philosophie, sie kommt erst ins Spiel, wenn die Leute unversehens im Scheinwerferlicht stehen und etwas *Bedeutsames* sagen sollen. Da wird sie zur Frage, die uns den Schweiß auf die Stirn treibt, den Mund austrocknen lässt. Tatsächlich aber ist die Annahme, dass die Botschaft auf eine höhere Bedeutung hinausläuft, der größte Irrtum. Denn die wirklich großen Gedanken der Philosophie sind von vornherein in unser Leben eingebaut – auf eine Art und Weise, die uns häufig gar nicht bewusst ist. Wer zum Beispiel hetzt die Kinder in die Schule und zwingt sie, lauter unnützes Zeug zu lernen? Ist es ein Naturgesetz, dass ein zwölfjähriges Kind, mit einem riesenhaften Scout-Ranzen ausgerüstet, in eine eisige Schule eilt, um dort die a-Deklination herunterzubeten? Nein, auch die Schule ist nichts

anderes als ein *angewandter* Gedanke, die Einbildung nämlich, dass es auf die Bildung eines jeden Menschen ankommt (und aus rätselhaften Gründen hat sich hier die Einschätzung durchgesetzt, dass die a-Deklination ein probates Mittel ist, um brauchbare Juristen heranzubilden). Schaut man genau hin, so sieht man, dass vieles von dem, was wir für selbstverständlich halten, nur durch unsere Einbildung existiert – oder genauer, dass es deswegen existiert, weil wir alle daran glauben.

Nehmen wir einfachheitshalber diesen Schein, mit dem mein Verleger mir vor meiner Nase herumgewedelt hat. Gewiss, das ist Geld (und verführerisch viel noch dazu), dennoch unterscheidet es sich von dieser Buchseite nur dadurch, dass wir allesamt daran *glauben*, dass es etwas anderes ist als bedrucktes Papier. Schwankt dieser Glaube, wird sich der Geldschein in das zurückverwandeln, was er materiell ist: ein Fetzen bedrucktes Papier und nichts weiter. Nun kennen wir durchaus Zeiten, die den Glauben an den Schein verloren haben: Das Deutschland der Hyperinflation (1923) beispielsweise, eine Zeit, als man Schubkarren brauchte, um die Haufen wertlosen Papiers zu transportieren. In solchen Augenblicken begreift man, dass es *doch* wichtig ist, sich mit der Philosophie zu beschäftigen. Denn nur weil wir uns allesamt etwas einbilden, existiert es wirklich – und zwar genau so lange, bis jemand kommt und sagt, dass der Kaiser aber doch nackt ist.

Aber wann, außer im Märchen, haben wir schon einen nackten Kaiser gesehen? Genau das ist die Kunst der Philosophie. Zu einem nicht geringen Teil besteht sie darin, dass man etwas unsichtbar macht. Im Gegensatz zum Kaiser, der sich allüberall zeigt, haben die Gedanken eine Gedankentarnkappe auf. Nicht nur, dass die Gedanken als solche unsichtbar sind, man weiß oftmals gar nicht, dass man sie denkt – und gerade darin besteht ihre Macht. Von dieser Macht will dieses kleine Büchlein erzählen: nämlich dass vieles von dem, was wir *automatisch* denken, doch keineswegs von Natur aus so ist, sondern dass es einen Anfang gehabt hat.

Aber auch hier ließe sich wieder fragen: Warum muss ich wissen, woher etwas kommt? Muss ich, wenn ich einen Reißverschluss zuziehe, wissen, wer ihn erfunden hat? Nein, das muss ich keineswegs. Denn ein Reißverschluss ist wirklich leicht zu verstehen – und eine verborgene Macht ist ihm meines Wissens noch nicht nachgesagt worden. Genau darin besteht der *kleine Unterschied*: Denn die Gedanken üben, im Gegensatz zu solch handfesten Dingen wie einem Reißverschluss, gerade deswegen Macht auf uns aus, weil sie nur in unserer Einbildung stattfinden. Tatsächlich gibt es gar keine größere Macht als unsere Einbildung. So ist es durchaus töricht zu sagen: »Das ist *nur* Einbildung«, als ob es sich dabei um etwas Geringfügiges handelt, das mit einem Fingerschnipsen verschwindet oder dadurch, dass man sich einmal schnell in den Arm kneift. Nein, es wäre viel klüger, man nähme die Einbildungen ernst.

Nehmen wir noch einmal die Schule und stellen sie uns als eine *gebaute Einbildung* vor. Auf diese Vorstellung gestützt sieht man, dass das ganze Gebäude im Grunde um einen Gedanken herum gebaut ist, um eine Idee von Bildung, von der niemand so genau sagen kann, worin sie denn eigentlich besteht. Wir sehen die Verkleidung, die äußere Hülle, aber wir sehen nicht mehr, was drinnen steckt. In der Regel sagt man uns dann: »Schon die alten Griechen haben erkannt...« Rückt man aber einmal ganz nah an die Anfänge unserer Bildung heran, so passiert, was ein Schriftsteller einmal folgendermaßen ausgedrückt hat: »Je näher man ein Wort anschaut, desto ferner schaut es zurück.« Das Wort *gymnos* zum Beispiel, von dem sich unser Gymnasium herleitet, bedeutet ursprünglich »*nackt*«, woraus man wohl herleiten muss, dass die Antike weniger an der Grammatik als an einer Form des Bodybuildings interessiert war. Aber was ist das wiederum für eine Nacktheit? Und was hat sie mit unserer Bildung zu tun?

Nun müssen wir die Frage nach des Kaisers nackten Kleidern auch auf den Gymnasiasten ausdehnen, ja auf alle erdenklichen Gespenster, denen man im Leben unweigerlich begegnet: auf den Fiskus zum Beispiel oder die Evolution. Gewiss, man könnte sich auf den Standpunkt stellen, dass es sich dabei um Realitäten oder, stärker, um *Naturtatsachen* handelt, aber dann sollte man hinzufügen, dass wir sie nur deswegen als solche erleben, weil man uns gelehrt hat, daran zu glauben. Ich erinnere mich, wie mein Sohn, als er vier oder fünf Jahre alt war, auf jeden Fall noch nicht in der Schule, mit mir auf dem Fußboden lag und spielte. Ich hatte ihm gerade erklärt, was Darwin sich gedacht hatte, als er sich daran setzte, die Gesetze der Evolution zu beschreiben – und dass der Mensch früher einmal ein Affe gewesen war. Aber als ich das sagte, sah ich nun diesen kleinen Anflug eines Stirnrunzelns auf dem Kindergesicht. »Eins verstehe ich nicht, Papa. Warum gibt es dann noch Affen?«

Wenn man sieht, wie die großen Gedanken entstehen, verwundert man sich – und denkt: Wie hat aus diesem hässlichen Entlein etwas so Mächtiges werden können, wie kann ein Gedankenzwerg eine solch monumentale Größe annehmen? Andererseits ist dieser Blick ja durchaus tröstlich, sagt er uns doch, dass auch Riesen einmal klein angefangen haben, dass es sich also nicht von vorneherein um große, sondern um groß gewordene Gedanken handelt. Wie aber wird ein Gedanke groß? Wie kommt es, dass der Hort der nackten Schüler zu einer grundlegenden Einrichtung unserer Gesellschaft geworden ist, während andere Gedanken spurlos von der Bildfläche verschwunden sind (wie etwa die Überzeugung des Aristoteles, dass der männliche Samen im Gehirn des Mannes gebildet werde)?

Mit dieser Frage kommen wir zu einem heiklen Problem, das freilich schon im Titel des Buches, klammheimlich sozusagen, beantwortet ist. Denn man hätte sich ja ebenso gut hinsetzen und ein *kleines Buch der großen Denker* schreiben können. Warum ist statt von den Denkern von den großen Gedanken die Rede? Mit dieser Frage sind wir am Ausgangspunkt angelangt – also der Frage, ob man wirklich wissen muss, was tote Denker, an deren Namen sich kaum noch jemand erinnert, mal gedacht haben. Ist hier die Antwort ein unmissverständliches *Nein!*, so ist es doch andererseits so, dass es viele Gedanken gibt, die, auch wenn sie mehr als zweitausend Jahre alt sind, noch immer in unser Leben eingreifen. Und genau diese Gespenster, diese Wiedergänger, würde ich *große Gedanken* nennen. Jetzt, so könnte ein ebenso gewitzter wie widerborstiger Leser einwenden, landen wir doch wieder bei der

Philosophie! Aber nein, würde ich antworten. Wenn ein Gedanke eine Wirkungsmacht annimmt, so steht er zumeist nicht in den Philosophiebüchern, sondern an der nächsten Ecke, in der Gestalt des Polizisten beispielsweise, der nur deswegen so heißt, weil es einmal eine Polis gegeben hat. Ja, studiert man die Geschichte der großen Gedanken, so ist man damit konfrontiert, dass viele von ihnen eigentlich gar keinen Urheber besitzen, dass wir also genötigt sind, uns mit *Dingen ohne Denker* zu beschäftigen. Nehmen wir nur die bereits angerissene Frage, was aus einem Stück bedruckten Papiers einen Geldschein macht, wie also eine ganze Gesellschaft auf den Glauben hat verfallen können, dass das aufgedruckte Zeichen wirklich einen Wert darstellt. Ist dies schon eine Revolution, so sind die Folgen dieses Glaubens noch viel mächtiger. Denn der Glaube hat ja wiederum andere Konsequenzen gezeitigt, nämlich die Vorstellung, dass sich der Wert des Geldes mit der Zeit und dem Zins noch vermehren soll. Und wird uns die Philosophie wohl darüber belehren, was die Kinderfrage zu wissen begehrt? Aber nein, ganz das Gegenteil ist der Fall! Kommt die Frage des Geldes aufs Tapet, so bekommt man es vor allem mit Denkern zu tun, die bestrebt sind, dieses Ärgernis aus der Welt heraus zu philosophieren – wie der Philosoph, der den Zins als Todsünde deklariert, mit der Behauptung, ein Zeichen sei schließlich kein Tier und könne deswegen keine Nachfahren bekommen.

Wenn das *kleine Buch der großen Gedanken* auf Fragen antwortet, so sind es nicht die Fragen, die in den Philosophiebüchern stehen, sondern diejenigen, die von einem Kind stammen könnten. Woher kommt das Geld? Was ist das? Und warum ist das so? Wenn diese Fragen sich stellen, so deswegen, weil sie in unser Leben eingebaut sind, weil wir, wo wir auch stehen und gehen, unweigerlich damit zu schaffen haben. Und aus diesem Grund gibt es dieses kleine Buch, das im übertragenen Sinn durchaus so etwas wie ein Navigationssystem sein will. Folglich geht es methodisch zur Sache und nimmt sich die großen, wirklichkeitsverändernden Gedanken in geschichtlicher Abfolge vor. Wenn der geneigte Leser will, kann er sich an diese Reihenfolge halten, die von den alten Griechen bis in unsere Gegenwart reicht; aber ebenso gut kann er sich seine eigene Tour durch die Geschichte der großen Gedanken zurechtstellen und eher genießerisch, mal hier, mal dort, eine Seite aufschlagen. Das ist eine Frage des Temperaments. Schön wäre nur, wenn man am Ende begriffe, dass dieses Büchlein gar nicht in Konkurrenz steht zu den so genannten nützlichen Dingen, sondern genau dasjenige ist, was man sich *eigentlich* gewünscht hat: ein Duft, ein Navigationssystem, ein Handbuch der Verführung. Und noch schöner wäre es, wenn man am Ende nicht nur den Nutzen des Geistes begriffe, sondern zu der Überzeugung gelangt wäre, dass der Gedanke das eigentliche Luxusobjekt ist: Geist ist geil!

Das ABC

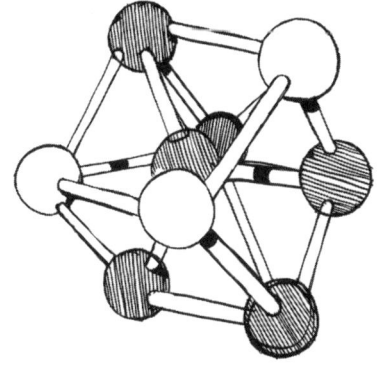

Nach dieser Vorrede ist es nicht mehr verwunderlich, wenn das kleine Buch der großen Gedanken nicht mit einem Denker, sondern mit einem jener Gebilde beginnt, die keinen Urheber haben: dem Alphabet. Das Alphabet ist einer der folgenreichsten Gedanken überhaupt, und doch hat man keine Vorstellung, woher es eigentlich kommt, geschweige denn, wer es sich hat einfallen lassen. Wir haben also weder einen *Vater des Gedankens* noch eine Adresse, nur eine höchst befremdliche Kopflosigkeit. Das ist, so sonderbar das klingen mag, kein Einzelfall, sondern etwas, was die allergrößten Gedanken überhaupt charakterisiert. Sie sind plötzlich da – und wir wissen einfach nicht, wer sie in die Welt gesetzt hat. So haben die Griechen, denen wir die Erfindung des Alphabets zuschreiben, selbst zugestanden, dass sie es von den Phöniziern übernommen haben. Aber mit dieser Auskunft schwindet alle Gewissheit. Denn nun

Ca. 1500 v. Chr.
Zu dieser Zeit gibt es die alphabetischen Zeichen schon, aber sie hatten eine ganz andere, nämlich bildliche Bedeutung.

verliert man sich in einer Zeit, die die Altertumsforscher das *dunkle Zeitalter* nennen (etwa von 1300 bis 800 v. Chr.). Es war von Völkerwanderungen, Kriegen und Seuchen bestimmt – und ist bis heute mit dem Mythos und dem Namen *Troja* verbunden.

In diesem Sinn ist es durchaus kennzeichnend, dass das Alphabet nicht nach dem Vater des Gedankens benannt ist, sondern nach seinen ersten beiden Buchstaben: Alpha und Beta. Man könnte fast geneigt sein, hier zwei extraterrestrische Wesen zu sehen, zwei außerirdische Intelligenzen, die plötzlich in die Welt geraten sind (wie ein Schriftsteller einmal behauptet hat: »language is a virus from outer space«). Aber genau das ist nicht der Fall – und damit sind wir im Kern des Rätsels angelangt. Denn Alpha und Beta haben, bevor sie Stellvertreter für die gesprochenen Laute A und B wurden, etwas anderes bedeutet. Man kann diese Bedeutung noch sehen, wenn man das A auf den Kopf stellt und es sich als Bild denkt: Dann sieht man ein Haupt mit zwei Hörnern obendrauf – und wird sich nicht mehr wundern, dass das Bildzeichen den *Ochsen im Joch* bezeichnen soll. Nicht nur der Buchstabe Alpha, alle anderen Buchstaben haben eine solche Bildbedeutung besessen. Das Zeichen Beth etwa heißt nicht nur *Bein* oder *Haus*, sondern bezeichnet (was man in der Gestalt des B noch immer sehen

Ca. 800 v. Chr Homer schreibt die *Odyssee*, die man sich aber nicht als Erfindung eines einzelnen Schriftstellers, sondern als eine kollektive Erzählung denken muss, die mit Homer einen Autor gefunden hat.

kann) auch die *weibliche Brust*. Im Buchstaben Gamma, der unser C bedeutet, finden wir das, was die Verbindung von Mann und Frau beschreibt: die *Gamie* (die Hochzeit), ja überhaupt alles, was sich mit dem Aspekt der Verbindung beschäftigt, die Kooperation, Kohabitation, Kopulation. Und wenn man sich vergegenwärtigt, dass das Alpha-Zeichen nicht nur den Ochsen im Joch bezeichnet, sondern insgesamt für die *Fruchtbarkeit* steht (das Alpha-Männchen sozusagen), so begreift man leicht, dass unser kleines ABC nichts anderes bedeutet als den Wunschgedanken der Familie, die Erzählung von Papa, Mama und Kind.

Nun hat man es in einer Welt, in der die Zeichen auf Bilder verweisen, immer mit einer Höher- und Niederwertigkeit der Zeichen zu tun (was sich bis heute noch im Chinesischen darin artikuliert, dass das Bildzeichen des verachteten Hundes zu einer Herabwürdigung des Zeichens führt, mit dem es kombiniert wird). Mit den Lautzeichen aber, die nichts bedeuten außer dem Laut (und die in der Logik überhaupt nichts mehr bedeuten), entsteht die Idee, die Zeichen beliebig austauschen zu können. Sie sind einander ebenbürtig. Fortan kann man sich ein X für ein U vormachen oder wie in der Algebra behaupten, dass A = B ist.

Mag die Vorgeschichte des Alphabets dunkel sein, so sind seine Folgen doch umso strahlender. Stellen wir uns vor,

621 v. Chr. Drakon macht aus den ungeschriebenen Gesetzen der Athener eine geschriebene Ordnung (die freilich, auch bei kleinsten Vergehen, nur eine Strafe kennt: den Tod). Das, was wir Rechtsstaat nennen, ist ursprünglich *geschriebenes* Recht, Rechtschreibung.

wir seien Chinesenkinder und wären genötigt, 60.000 Zeichen auswendig zu lernen. Niemals im Leben würde einer von uns behaupten können, ein Meister der Schrift zu sein. Wie viel einfacher ist es hingegen, wenn man die Welt der Zeichen auf 24 Elemente beschränken kann! Plötzlich kann sich jeder als ein Meister der Schrift fühlen. So besehen ist die Alphabetisierungskampagne der Griechen zugleich so etwas wie eine Demokratisierungskampagne. Denn nun sind es nicht mehr bloß die Priester, die über dieses Wissen verfügen. Bereits im 8. Jahrhundert vor Christus ist das Alphabet so gebräuchlich, dass nicht nur die reichen Griechen, sondern fast alle Volksschichten lesen können.

Nun könnte man fragen: Ist das Alphabet überhaupt ein Gedanke? Zweifellos, würde ich sagen. Nehmen wir nur das griechische Wort *stoichos*, das Buchstabe bedeutet. Aber darin erschöpft sich seine Bedeutung nicht. *Stoichos* heißt auch *Element*, und wie man weiß, beginnt die Philosophie mit der Frage nach den Elementen, aus denen die Natur zusammengesetzt ist. Man nimmt also an, dass die Natur selbst wie ein Alphabet funktioniert, das aus einer begrenzten Zahl von Grund-Elementen besteht. Thales (um 624 bis 546 v. Chr.), der als einer der ersten Philosophen gilt, behauptet, dass alles aus dem Wasser entstanden sei, andere wiederum werden behaupten, dass der Anfang

Um 480 v. Chr. Parmenides schreibt *Über die Natur*, in dem er das Sein als unveränderbar, ungeschaffen und unzerstörbar beschreibt (was nichts anderes ist als eine Theorie der Ewigkeit).

die Erde sei oder die Luft. Und mit der Zeit und dem Fortgang der Debatte werden die Erklärungsversuche immer komplizierter, wird man von der Luft auf eine unbegrenzte Natur schließen – und wird der große Naturphilosoph Demokrit (460 bis 371 v. Chr.) die Lehre der Atome verkünden. Was all diese Gedanken gemein haben, ist, dass sie die Logik des Alphabets auf die Natur übertragen. Am Alphabet lernen die Naturphilosophen, dass die Frage nach den Elementen sinnvoll ist, ja, dass die einzelnen Elemente und Wirkstoffe in der Natur so miteinander verknüpft sind, wie die einzelnen Buchstaben eines Wortes miteinander verknüpft sind. Dabei versteht es sich von selbst, dass man die Natur nicht mehr als den Ort der Geister und Dämonen, der Erdgötter und feuerspeienden Drachen erlebt, sondern als materielle Logik. So wie der Buchstabe Alpha das Bildnis des Stiers abstreift, so streift die nach der Logik des Alphabets begriffene Natur die alten Götter ab.

Und nicht nur die Betrachtungsweise der Natur verändert sich, auch die Gesellschaft erfährt durch das Alphabet eine tiefe Veränderung. Erstmals nämlich werden Gesetze in Schriftform gebracht – mit dem Ergebnis, dass nun auch die Gesetzgeber sich der Schrift unterordnen müssen (was der Tyrannei enge Schranken setzt). Darüber hinaus wird mit der Rechtschreibung eine neue Instanz etabliert: die

Justiz. Haben frühere Gesellschaften das Recht auf Blutrache gekannt, so vollzieht sich die Bestrafung der Übeltäter nur noch nach dem *Buchstaben des Gesetzes*.

Bei dieser Wirkungsmacht ist es erstaunlich, dass die Philosophen um diese Grundbedingung ihrer eigenen Disziplin stets einen großen Bogen gemacht oder sogar versucht haben, das Problem der Schrift zu verstecken. Sokrates beispielsweise wird nicht müde, die Buchstabengläubigkeit zu kritisieren. Sein Gegenmittel freilich verrät, wie eminent wichtig ihm die Schrift ist, kuriert er seine Schüler von diesem Übel doch ausgerechnet dadurch, dass er sie zu *lebenden Büchern* zu machen versucht. Man könnte fast sagen: Das Alphabet ist das verborgene Rätsel der Philosophie, die Leiche, die sie im Keller versteckt hält. Führt man sich allerdings vor Augen, was die Philosophie durch das Alphabet gewinnt, so versteht man durchaus, warum dies so ist. Denn nur das Zeichen, das mit seinem Bild die Sterblichkeit abgestreift hat, vermag die Illusion der Ewigkeit zu erwecken – die Illusion, als ob es immer schon so gewesen wäre. Und genau mit diesem Immer-Schon hängt zusammen, was man das *Wunder der Philosophie* nennt: die Entdeckung des Seins, das der Philosoph Parmenides Anfang des 5. Jahrhunderts als ein unzerstörbares, unveränderliches, ungeschaffenes Ganzes beschreibt.

Ab 400 v. Chr. Leukipp und Demokrit entwickeln den Atomismus, demzufolge das Universum aus kleinsten Teilchen zusammengesetzt ist. Diese Teilchen entsprechen dem Parmenideischen Sein: Sie werden als *unendlich hart*, *unveränderlich* und *ewig* gedacht.

Das Münzgeld

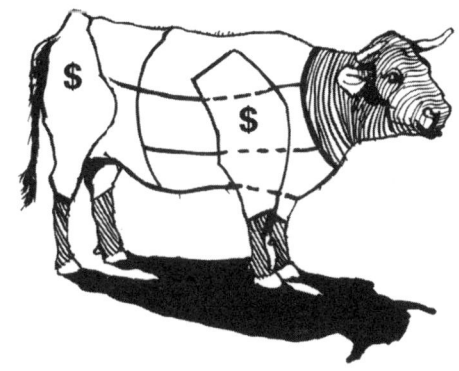

Neben dem Alphabet ist die zweite große Neuerung, die das alte Griechenland in die Welt entlassen hat, das Münzgeld: also das Geldstück, dem ein *Nennwert* aufgedruckt ist. Gewiss, Tauschmittel hat es in der Menschheitsgeschichte lange zuvor schon gegeben, mag es sich nun um Edelmetall oder um Kaurimuscheln gehandelt haben. Das Neue am Münzgeld aber ist, dass der Wert des Geldes nicht mehr von seinem Metallgehalt oder seiner Stofflichkeit abhängt, sondern sich nach seinem Aufdruck richtet. Wenn man diese Neuerung dem Alphabet an die Seite stellt, sieht man, dass sich hier ein gleichartiger Prozess vollzieht: Wie sich das Lautzeichen vom Bild löst, so löst sich der Nennwert des Geldes von der Substanz der Münze. Und so wie das Alphabet eine Umwälzung der Gesellschaft mit sich brachte, bewirkte auch die Verbreitung derartiger Münzen eine Revolution der Denkart, einen Riss, der auch den Griechen

776 v. Chr. Fortan finden die Olympischen Spiele regelmäßig statt. Dem religiösen Charakter des Festes entsprechend werden die Sieger zunächst mit besonderen Stücken vom *Opferfleisch* belohnt, später bekommen sie symbolische Preise: den Lorbeerkranz beispielsweise. Auf jeden Fall ist es sinnvoll, sich schon die frühen Athleten als »Profis« zu denken.

keineswegs unbemerkt geblieben ist. Nicht umsonst nennen sie die Zeit vor der Entdeckung der Maße die *mythische Epoche*, die Zeit danach die *historische Epoche*. Angeblich hat der sagenhafte König Pheidon von Argos diesen Wandel bewirkt (um 747), denn er soll das Geld und die Maße in die Welt entlassen haben. Die Datierung scheint insoweit richtig, als man bei der kurz zuvor niedergeschriebenen Odyssee noch keinen Verweis auf das Münzgeld findet.

Woher aber kommt nun das Geld? Fragt man zeitgenössische Ökonomen, so würden sie, ohne weitere Kenntnis der Geschichte, mutmaßen, dass man es aus praktischen Erwägungen erfunden habe. Sonderbarerweise ist dies nicht der Fall. Der Ort, an dem sich das Münzgeld herausbildet, ist der griechische Tempel, oder genauer: der Tempel, in dem die Griechen einer Staatsgottheit huldigten. Weil bei den Griechen grundsätzlich das Rind der Wertmesser war (man sprach etwa von einem 4-rindrigen, 12-rindrigen Wert etc.), verwundert es nicht, dass das vornehmste Opfer das Rind ist. Je nachdem, was der Opfernde von den Göttern verlangt, gilt es, einen anderen Opfertarif zu entrichten. Bei Staatsfesten werden Hunderte von Rindern geschlachtet, bei der Behebung kleinerer Sorgen nehmen die Götter auch kleinere Opfergaben entgegen (die Zunge, den Schwanz).

Vor 600 v. Chr. In Ägina, Athen, Korinth werden Münzen geschlagen, auf die Stadtsymbole geprägt sind. Das heißt, der Stadtstaat bringt sich in den Besitz eines ursprünglich religiösen Vorrechts, das Geld wird säkularisiert.

Vor allem wird auf diese Weise die Bezahlung der Priester und anderer Personen geregelt, die für das Opferfest wichtig sind (die Sänger und Flötenbläser, die Wachmannschaften, die Schmiede und Töpfer, die die nötigen Gerätschaften anliefern). Bekommt die Gottheit den Schinken, bekommt der Priester den Schenkel, die anderen Helfer wiederum den ihnen zugedachten Teil. Bleibt etwas übrig, verteilt man es an die Bürger. Auf diese Weise verwandeln sich die Körperstücke des Tiers sozusagen zu einer Bio-Währung.

Als im Laufe der Zeit die Priester mehr Fleisch erhalten, als sie verspeisen können, nehmen sie ersatzweise die *oboloi* an, also die Bratspieße, an denen das Fleisch aufgespießt ist. Tatsächlich ist der *obolos* die älteste Münzeinheit, und in Argos, der Heimat des sagenhaften Königs Pheidon, wurden lange Zeit Bratspieße als Münzen genutzt (daher auch die Münzeinheit *Drachme*, die eine *Handvoll Spieße* bedeutet). So wird nachvollziehbar, dass in dem Maße, in dem der Obolus nicht mehr dazu genutzt wird, die dazugehörige Fleischportion einzufordern, sondern gegen etwas anderes eingetauscht wird, die Form eine andere werden muss. Irgendwann hat die Münze nicht mehr die Gestalt eines Bratspießes, sondern nimmt praktischerweise die Münzform an, die uns geläufig ist. Freilich halten viele

Ab dem 6. Jh. v. Chr. Der Zins wird üblich, Söldnerheere breiten sich aus. Der persische Prinz Kyros etwa († 401) kann sich in seinem Kampf um die Macht im Achämanidenreich auf griechische Söldner stützen. Die Heimkehr dieser »wandernden Polis« wird in der Anabasis des Xenophon erzählt.

Münzen, indem sie Tierformen nachbilden, noch lange Zeit die Fiktion aufrecht, es handele sich um Opfergaben. So sollen auch die ältesten Münzen, die in Athen kursierten, einen Opferstier gezeigt haben.

Sehr bald schon dringt die Münze, deren Funktion vor allem im Opferkult und in der Besoldung der dafür bestellten Staatspriester bestand, in das Alltagsleben ein. Schon das siebte Jahrhundert vor der christlichen Zeitrechnung kennt Söldner – und im 6. Jahrhundert hat sich ein Instrument wie die Zinszahlung herausgebildet. Je mehr sich die griechischen Stadtstaaten nun verweltlichen, desto stärker wird die Münze zu einem Symbol nicht mehr der Götter, sondern der Gemeinschaft. Fortan verbürgen sich nicht mehr die Priester, sondern verbürgt sich die weltliche Autorität für den Wert der Münze. Die Erinnerung an den kultischen Ursprung des Geldes bleibt jedoch stets gegenwärtig.

Mag der Philosoph Aristoteles – wie unsere zeitgenössischen Denker – behaupten, dass der Wert der Münze nichts weiter sei als eine gemeinschaftliche Verabredung, so heißen die athenischen Finanzbeamten heute *Kolakreten*, was so viel wie *Schenkelsammler* bedeutet.

3. Jh. v. Chr. In Rom, das die griechischen Münzen übernimmt, schreitet die Säkularisierung weiter voran. Mit der Münze prägt sich fortan der Staat, dann der Kaiser das Denkmal seiner Unsterblichkeit.

Gottvater

Im späten 6. Jahrhundert vor Christus beklagt sich Xenophanes, ein durchaus übellauniger Philosoph, darüber, dass die Griechen ihre Götter mit allen beklagenswerten Charakterzügen ausgestattet hätten, die schon den Menschen nicht zur Ehre gereichten. Was soll man auch von all diesen streitsüchtigen Dieben und Ehebrechern halten? Wenn Rosse und Stiere Götter hätten, so Xenophanes, würden die Götter der Rosse rossähnlich, die der Stiere stierähnlich ausschauen. Und weil der Philosoph sich mit solchen Kreaturen nicht auseinandersetzen will, weil es im Himmel himmlisch und nicht wie bei Hempels unterm Sofa zugehen soll, entwirft er einen Gott, dessen Hauptmerkmal darin besteht, die Verwandtschaft zu seinem menschlichen Schöpfer ganz zu verleugnen. Freilich schießt der Gott des Xenophanes über dieses Ziel deutlich hinaus. Zwar kann sich dieses blut- und körperlose Wesen mit bloßer Denk-

9. Jh. v. Chr. Seit dieser Zeit ist das Tetragramm *JHWH* für *Jahwe / Jehova* verbürgt.

Bis 600 v. Chr. JHWH wird mit anderen Göttern in einem Atemzug genannt, der Aschera etwa, einer Fruchtbarkeitsgöttin. Erst danach kommt der Monotheismus zur Geltung.

kraft durch den Raum teleportieren, dennoch vermag die Ausgeburt einer blassen Vernunft die Vorstellungskraft der Menschen nicht zu entzünden. Gewiss sei der Gott des Xenophanes wahr, so spotteten schon seine Zeitgenossen, dummerweise jedoch sei er bildlos.

Den Griechen jedenfalls ist der Monotheismus, der Glauben an den einen Schöpfergott, nicht recht geglückt, oder wenn, so haben sie nur den Gott der Philosophen erschaffen. Und doch gehörten sie mit zu den Ersten, die es gekonnt hätten. Denn das griechische Wort für *Zeus*, das *Himmelsvater* bedeutet (und das bei ihren gelehrigen Schülern, den Römern, mit *Jupiter*, *Gottvater*, übersetzt wird), ist bereits die Vorwegnahme des einen und allein seligmachenden Gottes – ein Wort, dessen Unübersetzbarkeit in der übrigen Welt die christlichen Missionare vor größte Schwierigkeiten stellen sollte. Wie soll man auch einem Menschen, der die Götter stets als Naturgewalt, als Blitz und Donner wahrgenommen hat, das Prinzip eines Allvaters erklären? Mochte sich der Monotheismus, Gott weiß warum, in Griechenland nicht durchsetzen, so war ihm andernorts eine sehr viel verheißungsvollere Zukunft beschieden. Zur gleichen Zeit nämlich, als der Philosoph seine Lehre vom Allvater entwickelt, verwandelt sich JHWH, dessen Name nicht genannt werden will, von einer Lokal-

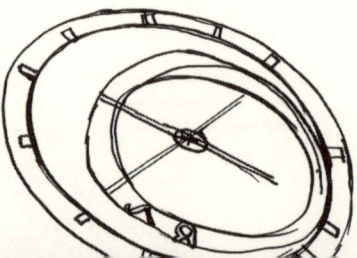

gottheit zum Gott des Volkes Israel. Und diese Gotteserscheinung hat etwas Besonderes, das in dieser Form ganz ohne Beispiel ist. Haben die Menschen Jahrhunderte lang die Namen der Götter angerufen, beharrt dieser Herr auf seinem Inkognito, will er, dass man seinen Namen nicht ausspricht. Nur ein einziges Mal im Jahr darf der Hohepriester seinen Namen sagen, aber da wird er vom Rauschen der Menge übertönt.

Vielleicht ist das Inkognito seines Namens das Überlebens-Elixier der Gottheit. Mag Gott auch namenlos sein, so ist er doch keineswegs nichtig. Denn er ist das, was zwischen den Buchstaben steht. Deshalb verwandelt sich das Tetragramm JHWH zu Jahwe, Jehova, Jahu, deswegen umschreibt man ihn mit Ehrentiteln wie *Adonai* oder *Elohim*, deswegen spricht man vom *Gott Abrahams, Isaaks* oder *Jakobs*. Man sieht: Dieser Gott ist zweifellos sehr viel intelligenter als das Rumpelstilzchen, das sich am Monopol seines Zaubernamens ergötzt – nur um zu erfahren, dass sich ein solcher Ruf leicht ruinieren lässt. In diesem Sinn ist die Namenlosigkeit des Gottes gerade die Bedingung dafür, dass er von *allen* geliebt, dass er zum Resonanzkörper aller werden kann.

Mag sein, dass sich der Liebe Gott auch an jene dunkle Vorgeschichte erinnert, die zeigt, dass die Revolution des Göt-

Um 450 v. Chr.
Die jüdische Bibel,
der *Tanach*, mit
der *Tora* als
Hauptelement,
wird kodifiziert.

terhimmels, die Vertreibung der Titanen und Naturgewalten, keineswegs auf ungeteilte Zustimmung rechnen konnte. Als der Pharao Echnaton im 14. Jahrhundert v. Chr. eine Staatsgottheit an die Stelle der althergebrachten Götterschar setzte, bewirkte diese Säuberungsmaßnahme eine solche Erschütterung, dass man im Nachhinein alle Erinnerung an diese schreckliche Zeit tilgte. Nicht nur, dass man den *status quo ante* wiederherstellte, darüber hinaus ließ man den Namen des Herrschers aus den Königslisten streichen. Wie kann man auch an einen Gott glauben, der jede Vorstellungskraft übersteigt, der zudem, wie ein Atomkraftwerk, von einer einzigen Instanz monopolisiert wird? Und doch, es muss ein Bedürfnis nach einem solchen Gott gegeben haben. Denn die Sehnsucht nach Unsterblichkeit, die den Pharao zu seinem Sturm auf den Himmel geführt hat, beginnt sich zu demokratisieren – und dies wiederum hat Rückwirkungen auf den Götterhimmel. Nicht nur, dass man ihrer Streitereien überdrüssig ist, man verlangt auch nach einem Gott, der sich nicht mehr nach Wind und Wetter ausrichtet, sondern über den Dingen steht. Und so zieht die Unsterblichkeit aus Ägypten aus – und offenbart sich dem Moses auf dem Berge Sinai, diesem einzigen Mann, der es wagt, Gott nach seinem Namen zu fragen – und dem Einzigen, der eine Antwort auf diese Frage erhält. Aber

610 Mohammed beginnt seine Offenbarungen zu diktieren – und damit setzt der Siegeszug des Islam ein, der letzten großen monotheistischen Religion. Rückblickend zählt man auch den persischen Zoroastrismus hinzu, der allerdings um zwei rivalisierende Zwillingsgottheiten kreist.

auch hier scheint die Botschaft noch nicht ganz durchzudringen. Denn wie man weiß, erzählt das Alte Testament davon, dass die Israeliten um das Goldene Kalb herumtanzen – was die Gelehrten dieser Tage zu der These veranlasst, dass man Moses nach Verkündigung seiner Offenbarung kurzerhand gelyncht habe. So besehen ist verständlich, dass das erste der zehn Gebote nicht eine moralische Vorschrift meint, sondern sich auf den Schutz des Gottes bezieht: »Ich bin der Herr, Dein Gott, und Du sollst keine anderen Götter haben neben mir.« Und diesem Gebot folgten, wie die hebräische Bibel fortführt, das Bildverbot und die Aufforderung, mit dem Namen des Herrn keinen Missbrauch zu treiben. Was also ist das Geheimnis des Monotheismus? Die Antwort auf diese Frage liegt vielleicht in der einzigen Selbstauskunft, die Gott im Alten Testament gibt. Denn als Moses ihn nach seinem Namen fragt, gibt er die Antwort: »*Ich bin, der ich bin*« – was aber auch heißen mag: »*Ich werde sein, der ich sein werde*«. Gott, mit anderen Worten, ist der Infinitiv – diese sprachliche Form, die erst zu dieser Zeit in die Sprachen des Abendlandes einwandert. Hier beginnt die ewige Flamme des Seins aufzuleuchten – entsteht als Bild, nein, mehr noch, wird zu einem täglichen Sprechakt, was die blasse Vernunft des Philosophen nur zu denken vermochte. Im Infi-

nitiv rührt der Gedanke an die Unendlichkeit. Und vielleicht vermag gerade die stete Wiederholung dieses Ewigkeitsanspruches mit jener Vorstellung zu versöhnen, die den Ägyptern unter Echnaton ein Gräuel sein musste. Was dieser mit Gewalt durchzusetzen versucht hat, wird nun zu einer Allgegenwart. Gott, der als Geist über den Wassern schwebt, ist der Anfang und der Grund aller Zeit, er ist der Gedanke, der die Dinge in die Welt ruft: »Er sprach, und es geschah; er befahl, und es stand da«.

Eigentlich ist das eine schöne Geschichte – und man weiß gar nicht, warum sich der liebe Gott so klammheimlich aus der Welt verabschiedet hat. Das letzte Mal, als ich ihn sah, stand er am Elektrozähler, im Blaumann, und las den Strom ab.

Das Gymnasium

Ich weiß nicht, ob Frau Fibelkorn derlei im Kopf hatte, als sie behauptete, im Griechischen müsse Ordnung herrschen (die Eltern jedenfalls, die da auf kleinen Schülerstühlen hockten, schauten ziemlich verdattert – und eine Frau hinter mir ließ ein ganz unterirdisches Stöhnen vernehmen); aber tags darauf ging der Schüler B. in die Schule, stellte sich in der Mitte des Pausenhofs auf, legte seinen Schulranzen ab, dann seine Winterjacke, zog den rechten, dann den linken Schuh aus, entledigte sich in rascher Folge seiner Armbanduhr, seines Pullovers und des Feinripp-Unterhemds, streifte Hose und Unterhose ab, und als er wirklich ganz nackt in der Wintersonne stand, hob er den Fuß und machte einige überaus anmutige gymnastische Dehnübungen. Wer weiß, vielleicht hätte er auch noch einen Spagat vorgeführt oder einen Kameraden in einen griechisch-römischen Dauerclinch gezwungen – aber halten wir uns nicht

12. Jh. v. Chr. Bei den Dorern, die nach Griechenland einwandern, ist die Knabenliebe eine Institution. Hier entwickelt sich der Ritus des »Honeymoons«: Ein älterer Krieger wird bei einer Familie vorstellig, schenkt ihr einen Opferstier und entführt den Knaben in eine Höhle. Dort ist später in großen Lettern zu lesen: X hat dem Y beigewohnt.

mit Nebensächlichkeiten auf. *Gymnos* heißt *nackt*, und wenn wir uns ein griechisches Gymnasium vorstellen, ist es durchaus angebracht, sich eine nackte Knabenschar vorzustellen, die sich mit Inbrunst der Leibesertüchtigung hingibt. Nun haben viele, zumeist lüsterne ältere Herren die griechische Nacktheit als eine Form der Lebensbejahung aufgefasst (und von den christlichen Selbstkasteiungen streng unterschieden). Dennoch ist diese schwärmerische Leibhudelei, in der sich nicht selten eine päderastische Fantasie oder die Aussicht auf eine Dauerorgie artikuliert, der Sache ganz und gar unangemessen. Denn so wie heute trugen die Eltern auch in der Antike Sorge dafür, dass ihre Knäblein nicht von den Freiern, die dort am Wegesrand auf sie lauerten, missbraucht wurden. So war es bei Todesstrafe verboten, auf das Schulgelände einzudringen.

Und dennoch: Es ist nicht zu leugnen, dass die Knaben, die dort im Gymnasium trainierten, sich sozusagen auf die Begegnung mit einem dieser Freier vorbereiteten, ja diesen Akt in Kusswettbewerben lustvoll vorwegnahmen. Denn *dass* der Augenblick kommen, dass sich einer der älteren Freier des Knaben annehmen würde, stand außer Frage. So ausschließlich buchstabierte die Antike die Liebe stets als Knabenliebe, dass der Philosoph Schopenhauer einmal treffend bemerkte, wenn Sokrates über die Liebe spreche, kön-

8. Jh. v. Chr. Die Spartaner, die Nachfahren der Dorer, entwickeln einen Kult der Leibesertüchtigung, ja eine Art sportiver Nudistenkultur. Bei den Olympischen Spielen präsentieren die Athleten ihre modellierte Nacktheitsuniform.

ne man meinen, es gebe gar keine Weiber. Tatsächlich ist die griechische Knabenliebe keine Marotte, sondern eine Institution – und genau dieser Institution verdankt sich jenes Institut der höheren Bildung, das bei uns *Gymnasium* heißt.

Wenn nun die gymnasiale Bildung einen Sinn hat, so liegt er allerdings nicht im Lust-, sondern im Ertüchtigungsgedanken. Denn die griechische Kultur, zutiefst demokratisch, war bestrebt, ihre Zöglinge zu gleichberechtigten, satisfaktionsfähigen Bürgern heranzuziehen. Da die Soldaten, die so genannten *Hopliten*, nicht in einer sorgsam gestaffelten Befehlskette standen, sondern wie ein Mann handeln sollten, kam es wesentlich darauf an, eine Art Corpsgeist herauszubilden. Dieser Corpsgeist war umso bedeutsamer, als die Kampftechnik der Hopliten es mit sich brachte, dass der Schild des Kriegers nicht ihn selbst, sondern seinen Nachbarn schützte. Und weil die Lanzen der Gegner wiederum auf den Bereich unterhalb des Schildes, den Unterleib der Krieger, zielten, ist die Nächstenliebe geradezu Pflicht – ist sie doch die einzige Weise, sich selber zu schützen. Und genau dies war auch der Grund, warum die Antike die Knabenliebe in solch hohem Ansehen hielt, ja, warum es noch im Jahr 333 v. Chr. ein Elite-Heer gab, das aus 150 homosexuellen Paaren bestand. In dieser *Heiligen*

5. Jh. v. Chr. Das Gymnasium ist durchaus kein Ort der Sinneslust. Denn ein Gymnasiarch wacht darüber, dass kein Außenstehender, geschweige ein Lehrer es wagt,
eins der ihm anvertrauten Kinder zu schänden. In Athen steht darauf die Todesstrafe.

Schar lebt sozusagen der Grundgedanke des Gymnasiums fort, die Logik des Corps, welche die Mannschaft über alles stellt.

Der Hintergedanke dieser Manndeckung war, dass der Ältere den Jüngeren in die Mysterien des Krieges einweist, dass er ihm jenes Ethos beibringt, das für den Zusammenhalt der Gemeinschaft wesentlich war. In dieser Beziehung erzeugt der Ältere sozusagen seinen Ersatzmann. Und wirklich wird das Aufblühen der attischen Demokratie als eine Reaktion auf die hoplitische Revolution verstanden. Wenn die Pädagogen – was ja auch heute gelegentlich vorkommt – den pädagogischen Eros bemühen, so beziehen sie sich in sozusagen homöopathischer Verdünnung auf nichts anderes als die Institution der Knabenliebe. Und mögen die Skulpturen auch lauter nackte Diskuswerfer zeigen, so ist diese Form der Nacktheit eine unsichtbare *Uniform* – zeigt sie einen Athleten, der es gelernt hat, den eigenen Körper zu kontrollieren. Wie hat Frau Fibelkorn schon gesagt: Im Griechischen muss Ordnung herrschen!

338 v. Chr. Mit der *Heiligen Schar*, die in der Schlacht gegen Philipp von Makedonien geschlagen wird, verschwindet der letzte Überrest der staatlichen Päderastie. Fortan geht es sehr viel asketischer zu.

Die Rhetorik

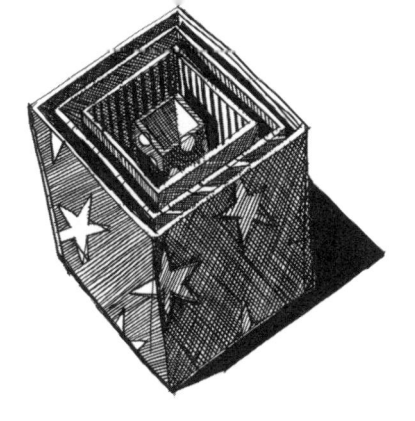

»Und wie heißt das jetzt«, fragt das Kind, »auf *Ironisch*?« Genau hier liegt die Voraussetzung der Rhetorik: in der Gewissheit, dass sich in der Sprache eine andere Sprache verbirgt, die der Muttersprache so fremd ist wie das Spanische oder die böhmischen Dörfer. Ob man sich nun, wie der Kindermund sagt, *auf Ironisch* ausdrückt, oder ob man sich jener feineren Mittel zu bedienen weiß, die die Rhetorik bereitstellt, der Effekt ist derselbe. Die schlichte Kenntnis der Wörter ist nicht hinreichend, um das Gesagte zu verstehen. Denn weil sich die Bedeutung eines Wortes, auf Ironisch gesagt, ins Gegenteil verkehren kann (das griechische *eirena* bedeutet *Verstellung* und *Vortäuschung*), muss der Zuhörer das ironisch Verkehrte sozusagen zurückübersetzen. Bleibt diese Rückübersetzung aus, ist er in die Falle getappt.
Genau dies ist das Programm, das den Erfindern der Rhetorik vorgeschwebt hat: Es ging ihnen darum, *einen star-*

510 v. Chr. Der Athener Kleisthenes formuliert eine Stadt-Verfassung, die (auf den bereits bestehenden Prinzipien des Rechtsstaats) die Grundlage der Demokratie darstellen wird.

ken Diskurs schwach, einen schwachen Diskurs stark zu machen. Insofern verwundert es nicht, dass die Rhetorik zuallererst als Gerichtsrede erscheint und dass ihre Helden die so genannten *Sophisten* sind, die zu Beginn des 5. Jahrhunderts vor Christus in den griechischen Städten auftauchen. Wollte man die Sophisten in heutigen Begriffen würdigen, so müsste man sie wohl als *Medienstars* auffassen, die ihre Botschaft glänzend verkaufen. In der Tat ist die Verkäuflichkeit der Weisheit ein wesentliches Charakteristikum, ja geradezu ein Qualitätssiegel. Weil Protagoras – der erste der Sophisten – sein Wissen gegen Geld verbreitet, wird er von seinen Anhängern *Logos* (*die Lehre*) genannt. Und weil man zeigt, was man hat, lässt sich ein Nachfolger gleich in Gold aufwiegen, ja, scheut nicht einmal davor zurück, seine goldene Ganzkörperstatue im Tempel der Athene aufstellen zu lassen. Zweifellos geht von der Rede eine besondere Verführungskraft aus. Von Protagoras etwa wird erzählt, dass er (wie der Rattenfänger in Hameln) »aus allen Städten, durch welche er auch kommen mag, Schüler hinter sich herzieht durch den Zauber seines Mundes, wie Orpheus, sodass sie alle willenlos diesem Zauber nachfolgen«.

Dennoch wäre es allzu naiv, in der Rhetorik nur eine Beeinflussungstechnik zu sehen, die ein begriffsstutziger Ma-

430–401 v. Chr.
Der peloponnesische Krieg zwischen Sparta und Athen erschüttert das Vertrauen in die Demokratie.

nager in einem Wochenendseminar erlernen kann. So erschöpft sich die Lehre des Protagoras nicht in rhetorischen Kunstgriffen. Vielmehr wohnt ihr ein ernster Kern, eine Art Befreiungslehre inne, die, in eine heutige Redeweise übersetzt, lauten könnte: *Mach dein Ding!* Dieser Lehre gemäß gilt es nicht mehr, sich nach den Altvorderen und ihren Götter zu richten (dem also, was bei den Griechen der *Nomos* heißt), sondern es geht darum, sich von ihnen zu befreien, ein eigenes Selbstbewusstsein zu erlangen. Durchaus treffend haben viele Altertumskundler von einer sophistischen Aufklärung gesprochen. Nicht mehr die Götter sind Richtschnur, sondern der Mensch (wie Protagoras lehrt) *ist das Maß aller Dinge.* Insofern ist es nur konsequent, dass Protagoras die Gottesfrage für unentscheidbar, im Grunde also für müßig erklärt. »Was die Götter angeht, so ist es mir unmöglich zu wissen, ob sie existieren oder nicht, noch, was ihre Gestalt sei. Die Kräfte, die mich hindern, es zu wissen, sind zahlreich, und auch ist die Frage verworren und das menschliche Leben kurz.«
Nun gibt die Schnoddrigkeit, mit der die Tradition hier für nebensächlich erklärt wird, ein schönes Beispiel, mit welchem Selbstbewusstsein ein Einzelner die gesellschaftlichen Konventionen durchbricht. Wir begegnen hier einer Modernität, die wir fast nur aus unserer Gegenwart ken-

Um 360 v. Chr. Die *Logik* des Aristoteles macht aus dem Ehrentitel *Sophist* eine Schmähung. Zugleich aber entwickelt er eine sehr ausgefeilte Rhetoriktheorie, die eine starke Wirkung auf alle nachfolgenden Theorien hat.

nen. Nicht nur, dass der Sophist die Frage nach den Göttern als müßig und unentscheidbar erklärt, darüber hinaus behauptet er, dass es auch keine verbindlichen Maßstäbe unter den Menschen gebe: Jeder hat seine eigene Wahrheit und lebt nach seiner Façon. Weil alles relativ ist, hat der Sophist keine andere Botschaft zu verkünden als diese, könnte man ihn als eine Art *demolition man* der festen Gewissheiten auffassen.

Diese Art der philosophischen Dekonstruktion hat zugleich auch eine höchst praktische Seite. Denn Protagoras nutzt seine Beredsamkeit vor allem dazu, bei Rechtsstreitigkeiten eine aussichtslose Sache zum Erfolg zu führen und die scheinbar fest gegründete Ansicht des Gegners zu Staub werden zu lassen. An dieser Stelle trifft der Sophist jedoch auf ein Dilemma. Denn wenn er das eigene Selbstbewusstsein aus dem Geld, also aus der sozialen Wertschätzung herleitet, so besagt dies, dass es keineswegs in seiner persönlichen Freiheit liegt, sondern in kollektiver Münze aufgewogen wird. Vor allem aber entsteht eine Konkurrenz, wird der Lehrer in seinem Schüler irgendwann einmal einen Meister finden.

Genau dies ist der Inhalt einer kleinen Anekdote, die von Protagoras überliefert ist. Protagoras hat den Euathlos in der Rhetorik unterrichtet, und weil dieser kein Geld besitzt,

2. Jh. v. Chr. Die Römer übernehmen die Rhetorik und machen sie zu einem höchst praktischen Trainingsprogramm, das (wie die Geisteswissenschaften heute) der gesamten Wissensvermittlung dient. Da die öffentliche Rede, wie die römischen ...

wird vereinbart, das Euathlos das üppige Ausbildungshonorar erst dann zahlen muss, wenn er seinen ersten Prozess gewinnt. Allerdings wird Euathlos niemals als Anwalt tätig, sondern wendet sich der Musik zu, sieht sich also nicht zu einer Zahlung veranlasst. Daraufhin verklagt ihn Protagoras auf Zahlung eines Honorars, mit der Begründung: »Euathlos muss auf jeden Fall bezahlen: Entweder laut unserer Vereinbarung, weil er diesen Prozess gewinnt, oder aber, weil ihn das Gericht dazu verurteilt.« Euathlos wiederum antwortet: »Ich muss auf gar keinen Fall bezahlen, denn entweder verliere ich den Prozess, dann war meine Ausbildung schlecht und es gilt weiter die Vereinbarung, oder aber das Gericht entscheidet zu meinen Gunsten.« Das Gericht weiß dieses Paradox nicht zu lösen – und vertagt sich.

Als nach einem halben Jahrhundert des Aufschwungs der peloponnesische Krieg, der große griechische Bürgerkrieg, ausbricht, zerfließen die Hoffnungen des großen Athener Jahrhunderts in nichts. Der frühe Stolz auf die Verkäuflichkeit wandelt sich in einen allgemeinen Korruptionsverdacht. So sagt Kritias: »Die Körper der Athener gehören denen, die dafür bezahlen.« Konnten die Sophisten die Befreiung des Einzelnen verkünden, so hat man nun den Eindruck, dass dies zu einer Zersetzung der Bürgerschaft geführt habe. So wird auch Protagoras das Opfer seiner eigenen Lehre. Die Volksversammlung empört sich gegen seine Schrift *Über die Götter* und verbannt ihn. Seine Schriften werden vernichtet, und Protagoras selbst stirbt auf der Flucht nach Sizilien.

… Senatsdebatten vorführen, stets eine politische Dimension hat, steht die Rhetorik in höchstem Ansehen. Die großen Redner wie Cicero und Quintilian praktizieren sie nicht nur, sondern versuchen, ihre Gesetze noch genauer zu bestimmen.

Die Wahrheit

Natürlich ist, was hinter der Wahrheit lauert, stets ein *absoluter* Wahrheitsbegriff. Deshalb klingt es so sonderbar, wenn man die Wahrheit in den Plural setzt, wenn man von *Wahrheiten* oder, ärger noch, von *meinen* und *deinen* Wahrheiten spricht. Nein, es gibt nur eine und darüber hinaus unpersönliche Wahrheit, eine Wahrheit zudem, die nicht *gemacht*, sondern nur *empfangen* werden kann. Und genau dies ist der Unterschied, den der Philosoph zwischen einem Hammer und einem Gedanken machen will. Mag ich den Hammer, wie jedes Werkzeug, benutzen, so kann ich die Wahrheit allenfalls empfangen. Freilich bedarf es nur weniger Fragen, um dieses unerschütterliche Denkmal der Philosophie ins Wanken zu bringen. Denn wer wäre, wenn ich die Wahrheit nur empfangen kann, der Absender dieser Botschaft? Die Natur? Ein Gott? Und welcher wäre das? Und vor allem: Wie kann ich wissen, dass mir ge-

399 v. Chr. Sokrates wird von einer Mehrheit der Athener zum Tode verurteilt. Dieses Erlebnis vor Augen, schreibt sein Schüler Platon *Die Verteidigung des Sokrates*, sein erstes Werk.

rade dieser Korrespondent – und nicht ein falschmünzender Imitator – diese Nachricht übermittelt?

Vielleicht ist es kein Zufall, dass die Frage der Wahrheit genau zu dem Augenblick auftaucht, da sie den Sophisten zur knetbaren Gedankenmasse geworden ist – und in diesem Fall ist unserer Geschichte der großen Ideen wirklich ein Name zuzuordnen. Es ist der Sophist Sokrates (469 bis 399 v. Chr.), der sich von seinen Sophistenkollegen dadurch unterscheidet, dass er kein Geld für seine Lehre annimmt. Genau diese Nichtannahme aber berechtigt ihn, sich als Wahrheitsfreund, als *philo-sophos*, darzustellen – als Denker, der der klingenden Münze etwas Höheres vorzieht: nämlich die Liebe zur Wahrheit. Und dass diese wiederum keine hohle Phrase war, konnte der Philosoph unter Beweis stellen, als man ihn, streng demokratisch, der Gotteslästerung anklagte – und als Sokrates es vorzog, eher zu sterben, als seine Prinzipien zu widerrufen.

Interessant ist freilich, dass Sokrates seiner Wahrheit keine eindeutige Adresse beigibt, sondern sie gewissermaßen aus dem Nichts, aus der Verneinung herleitet. Dies genau ist der Hintersinn seiner absoluten Gewissheit: *Ich weiß, dass ich nichts weiß*. Auch als er zu seiner Verteidigungsrede gegen die Athener anhebt, behauptet er nicht, irgendetwas besser zu wissen, sondern redet von einer Stimme im Ohr,

387 v. Chr. Platon erwirbt ein Grundstück, auf dem sich die Platonische Akademie niederlassen wird. Die Akademiker verschreiben sich einer kollektiven Wahrheitssuche. Dass es den Altvorderen keineswegs leichtgefallen sein muss, die Wahrheit ans Licht zu bringen, macht schon der Name der griechischen Wahrheitsgöttin deutlich: Denn in der Aletheia steckt das Wort *Lethe*, also der *Fluss des Vergessens*.

die ihm von Kindheit an ungute Dinge ausgeredet hat. Nun hätte diese Gewissheit des Nichtswissens den Philosophen wohl nicht lange überlebt, hätte Sokrates (der selbst keine einzige Zeile verfasste) nicht in Platon einen begnadeten Schüler gefunden, der aus dieser Stimme im Ohr den Ohrwurm der Philosophie gemacht hat: die Wahrheit.

Ein Philosophiehistoriker hat einmal gesagt, dass alle Philosophie nur eine Fußnote zu Platon sei, oder, wenn man es etwas platter ausdrückt, dass wir allesamt nur wiederkäuen, was bei Platon vorgeprägt ist. Tatsächlich ist die *Philosophie des Wiederkäuens* schon bei Platon (427 bis 347 v. Chr.) selbst die bevorzugte Methode, tritt er doch fast immer in der Maske seines großen Lehrers, des Sokrates, auf. So hätte Platon wohl auf die Bemerkung jenes Historikers entgegnet, dass es dem Denker gar nicht anstehe, eigene Gedanken zu entwickeln, sondern dass er es sich zur Aufgabe machen müsse, die Wahrheit zu suchen. Was aber ist die Wahrheit? Und vor allem: Wie lässt sie sich erkennen? Auf diese Frage antwortet Platon mit seinem berühmten *Höhlengleichnis*, das mehr ist als bloß die Gewissheit des Nichtswissens. Hier nämlich entwirft Platon das Bild einer Gemeinschaft von Menschen, die in einer Höhle angekettet sitzen und von dem, was im Lichte geschieht, nur den Schatten und den Widerschein mitbekommen. Weil diese

Menschen ein Leben lang nichts anderes erfahren, werden sie diese Schattenwelt für *real* halten, während sie, wenn man sie plötzlich ins Licht schauen ließe, dieses Licht gar nicht wahrnehmen könnten.

Dieses Gleichnis ist für Platons Wahrheitsbegriff überhaupt kennzeichnend: Denn im gewohnten Alltagsverstand gleichen die Menschen jenen Höhlenbewohnern, die festgekettet nur die Schatten der Wahrheit, niemals aber die Wahrheit selbst sehen können. Um sie zu sehen, muss sich die Vernunft von den falschen Sinneseindrücken lösen – und in die Welt des Geistes aufsteigen. Dieser Aufstieg ist aber immer auch ein Gang in die Zeitlosigkeit. Die Wahrheit ist ewig und uranfänglich – sie ist (wie ein Gott) immer schon da. Aber da Platon kein Theologe sein will, sondern Philosoph, behauptet er, dass es seinen Idealstaat schon einmal gegeben habe: und zwar handele es sich um das berühmte Atlantis, das von einer Naturkatastrophe heimgesucht worden und untergegangen sei. Anders gesagt: Das Reich der Wahrheit ist so etwas wie ein verloren gegangenes Paradies, an das sich die Menschen zurückerinnern müssen.

Der Weg zur Wahrheit heißt also: *Rück-Erinnerung, Anamnese*. Denn der unsterblichen Seele eines jeden Menschen ist die Wahrheit eingeboren, sie wird durch die Schatten-

Ab 400 v. Chr. Die Schule der Kyniker, die auf den Sophisten Gorgias zurückgeht, zeigt eine andere Variante der Wahrheit: Man spaziert etwa, weil man nichts zu verbergen habe, nackt durch die Gegend. Diogenes von Sinope (um 391 bis 323 v. Chr.) schockierte seine Zeitgenossen damit, dass er in aller Öffentlichkeit masturbierte.

spiele der Welt nur überblendet. Wie das Konzept der Anamnese funktioniert, führt Platon (wie immer in der Maske des Sokrates) in seinem *Menon-Dialog* vor: Da nämlich kitzelt der Sokrates aus dem Sklaven seines Gastgebers Menon die Lösung eines kniffligen geometrischen Problems hervor, und zwar nur durch geduldiges Fragen. Und genau in dieser Fragetechnik, die Sokrates als *Mäeutik*, das heißt als *Hebammenkunst* begreift, besteht die philosophische Kunst. Denn hier wird ein Wissen wiedergeboren, das unter den Bruchstücken der Gegenwart verschüttet liegt. Das aber soll heißen: Die *Wahrheit* ist nicht gemacht, sondern immer und ewig. Indem Platon die Wahrheit aus dem Bereich der Zeit herauslöst und in eine ewige Uranfänglichkeit hinein verlegt, erschafft er den Gegenstand der Philosophie: Ein Wissen, das nicht diesem oder jenem, sondern allen gehört, ein Wissen, das zudem nicht zeitlich, sondern ewig ist, die *Wahrheit an sich*.

Schaut man dem Verkleidungskünstler Platon bei seinem Geschäft etwas genauer zu, so sieht man allerdings, dass es bei dieser verführerischen Prozedur nicht ganz mit rechten Dingen zugeht. Denn Platon benutzt, um die ewige Wahrheit darzustellen, *zeitliche* Techniken, hier vor allem das Alphabet. So lässt er im *Kratylos-Dialog* die Buchstaben des Alphabets wie eine Art göttlicher DNS erscheinen, bringt es mithin fertig, die noch junge Alphabetschrift gleichsam als Urschrift auszugeben – ein Trick, der auch heute noch ganz tadellos funktioniert. Auf jeden Fall versteht man vor diesem Hintergrund, warum wir uns angewöhnt haben, mit der Wahrheit zu rechnen, bietet doch die Mathematik, ebenso wie unsere Schriftzeichen, die dauerhafteste Währungseinheit – was der Grund dafür ist, dass wir den Satz, dass zwei und zwei zur Teezeit vier ergibt, als sinnlos empfinden. Und doch weiß jeder eingefleischte Barhocker, dass es die Wahrheit zur *Happy Hour* zum halben Preis gibt.

Um 370 v. Chr. Platon schreibt seinen *Staat*, den Versuch eines wahren Gemeinwesens. Dabei schreckt er, der Dichter, nicht davor zurück, die Dichter aus diesem Gemeinwesen auszusperren. Noch Tommaso Campanellas *Sonnenstaat* (1602) ist ein getreuer Nachfahr des platonischen Staatsentwurfes. Auch hier wird, wie bei Platon, das *Privateigentum* (die dichterische Freiheit) als Wurzel des Übels denunziert.

Die Logik

Findet sich bei Platon vieles, was in religiöse, ja, geradezu esoterische Bereiche weist, so kann man Aristoteles (384 bis 322 v. Chr.) als den Säulenheiligen aller Vernunftgläubigen auffassen, als denjenigen, der die große Aufgabe übernimmt, das Denken von allen mythischen Überresten zu befreien. Folglich hält er es schon nicht mehr der Mühe wert, sich auf die Göttermythen einzulassen. Seine Betrachtungsweise der Welt ist vornehmlich materialistisch. Wenn Gott darin vorkommt (im Singular wohlgemerkt), so als *unbewegter Beweger*, als sich selbst gleichendes und gleichbleibendes Grundprinzip. Tatsächlich lässt sich an die Stelle Gottes auch das Wort *Wissenschaft* setzen. Aber um Wissenschaft zu betreiben, muss das Denken säuberlich vorgehen – muss es sich all jener Kunstgriffe und Schliche enthalten, in denen sich die Sophisten hervorgetan haben. Genau diese Säuberungsmaßnahme unternimmt Aristote-

Um 550 v. Chr. Der Urvater aller Historiker, Herodot, kennt das Wort *Logos* nur in seiner ältesten Bedeutung. Hier steht es nicht für *Vernunft* oder gar für *Logik*, sondern meint nichts weiter als *die Lehre* oder *die Überzeugung*. Bei den Sophisten – hundert Jahre später – wird der »*Logos*« ein Kampfbegriff gegen die religiöse Überlieferung.

les in seiner *Logik*. Dies erscheint ihm umso angebrachter, als dieses Feld ja keineswegs brachlag, sondern auf eine Weise bestellt war, die einem Vernunftmenschen die Haare zu Berge hätte stehen lassen müssen. Denn historisch gesehen geht der Logik die Antilogik voraus, jene Disziplin, die die Sophisten als *Kunst der Widerrede* (*antilogike technè*) etablierten und die vor allem bei Gerichtsstreitigkeiten zum Einsatz kam. Aristoteles verabscheut nichts mehr als dies: Denn die sophistische Weisheit ist nur eine scheinbare, keine wirkliche, und der Sophist verdient sich Geld mit scheinbarer, aber nicht mit wirklicher Weisheit.

Um die *wirkliche* Weisheit von der Scheinweisheit zu scheiden, unternimmt Aristoteles in seinem *Organon* die Großanstrengung, so etwas wie einen Werkzeugkasten der Vernunft zusammenzustellen. So wird zuerst einmal geklärt, dass es einen Unterschied gibt zwischen einem Menschen und dem Bild eines Menschen, dass sie aber gleichwohl denselben Namen tragen (*Mensch*). Dann wird geklärt, dass der Mensch bestimmte Attribute hat – und dass er wiederum, wie der Stier, unter den Begriff des *Geschöpfes* fällt; es werden die Kategorien des Denkens aufgelistet (dass man es entweder mit Dingen, Größen, Beschaffenheiten oder Beziehungen zu tun hat, mit Ort, Zeit oder Zustand, mit Haben, Tun oder Leiden). Kurzum, mit größter Genauigkeit

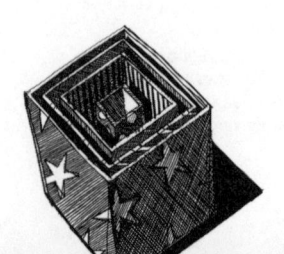

367–344 v. Chr. Aristoteles schreibt seinen *Organon*. Danach wird er Erzieher von Alexander dem Großen. Das aristotelische Denken ist in der Antike stets gegenwärtig, wenngleich es nicht die Bewunderung hervorruft, wie sie Platon stets zuteilwurde.

klärt Aristoteles, was uns fast naturgegeben scheint (es gibt ein Aktiv oder ein Passiv, es gibt Substanz und Akzidenz etc.), Unterschiede, die man zuvor nicht gemacht hat. Nach der Beschreibung dieser Werkzeuge macht sich Aristoteles daran, die Paradoxien der Sophisten aufzuklären – und sie als Falschheiten, Sprachfehler und Irreführungstechniken zu entlarven. Dabei formuliert Aristoteles die logischen Schlüsse: Er macht klar, was Identität und Kausalität sind, was eine logische Schlussfolgerung ist und so fort. Wie sehr uns derlei in Fleisch und Blut übergegangen ist, wird deutlich, wenn man sich auf die Lektüre seiner sophistischen Widerlegungen einlässt. So greift er die Bemerkung eines Sophisten auf, der behauptet, dass die Zahl fünf gerade und ungerade zugleich sei, und zwar, weil sie sich aus der Summe von 2 (= gerade) und 3 (= ungerade) zusammensetzt. Der Gedankenfehler, so Aristoteles, bestehe darin, dass der Sophist mit der Aufschlüsselung der Summe eine unzulässige Haarspalterei begehe (wie überhaupt sich die Sophisten nur mit Gespenstern, Scheingebilden herumschlagen).

Ebenso gründlich, wie Aristoteles mit den Sophisten aufräumt, gerät ihm das Rezeptbuch des logischen Denkens. So hat Kant später sagen können, dass die Logik seit Aristoteles »keinen Schritt vorwärts hat tun können und also allem Ansehen nach geschlossen und vollendet zu sein

Um 340 v. Chr. Es ist das Verdienst Euklids (365 bis 300 v. Chr.), die Logik des Aristoteles zu mathematisieren. In seinen *Elementen* (griech. *stoichea* – das heißt: *die Buchstaben*) zeigt er, dass sämtliche Sätze auf Axiome zurückgehen. Ansonsten tut sich in der Logik nichts weiter. Die Logik wird erst wieder im 19./20. Jahrhundert zu einem Problem.

scheint«. Und doch müssen wir, wenn wir von den Gesetzen der Vernunft reden wollen, einen gewichtigen Einwand ins Spiel bringen. Denn all diese schönen Sätze lassen sich auf das Alphabet zurückführen, als die Bedingung der Möglichkeit, überhaupt Logik treiben zu können. Wenn Aristoteles das Prinzip der Identität darauf zurückführt, dass A gleich A ist, wenn die Kausalität darauf zurückgeführt wird, dass, wer A sagt, auch B sagen muss, wenn schließlich der so genannte syllogistische Schluss (wenn A = B und A = C, dann ist B = C) das ABC der Logik vollendet, so sehen wir, dass in der Logik einige Grundannahmen liegen, die der Logiker unter den Tisch fallen lässt. Nähme man dem Logiker das Alphabet, so entzöge man ihm seine Geschäftsgrundlage – gäbe es nichts mehr, was ihm Identität oder Kausalität garantieren könnte.

Um 1000 In der Antike findet Aristoteles noch einige Beachtung, vor allem bei den Neuplatonikern. Das Christentum kann mit seinem Materialismus nichts anfangen, man verübelt ihm, dass er die Seele für sterblich hielt. In der arabischen Welt wird er rezipiert und über die Schriften Avicennas und Averroës dem Mittelalter wieder bekannt. Sein Denken wird für die entstehenden Naturwissenschaften überaus bedeutsam.

Selbsterkenntnis

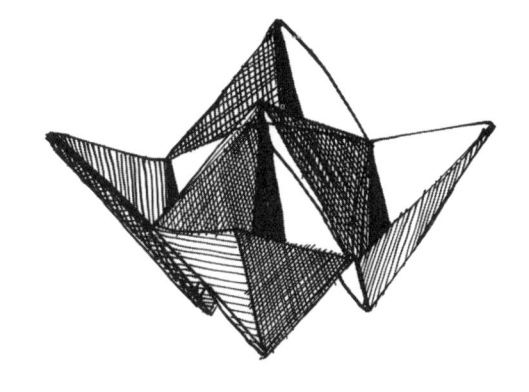

Was hier als *Selbsterkenntnis* firmiert, könnte ebenso gut auch *Weltflucht* heißen. Und das ist gar nicht so ungewöhnlich, wenn man bedenkt, dass die Sprache der Alten vor allem dadurch gekennzeichnet war, dass sie Gegensätze in sich vereinigte (das lateinische *altus* etwa meint *hoch* und *tief* gleichermaßen, und das griechische *thymos* bezeichnet *Mut*, *Wut*, *Seele*, also das, was man den Hexenkessel der Gefühle nennen könnte). Mögen wir auch der Meinung sein, dass mit der Selbsterkenntnis der Weg der Besserung beschritten ist, so ist die Aufforderung der *Gnosis* (denn *gnothi seauton* bedeutet *Erkenne dich selbst*) zunächst mit einer Tragödie verknüpft. Diese Tragödie beginnt mit dem Rätsel, das die schreckliche Sphinx dem König Ödipus aufgibt. Es lautet: Wer ist es, der morgens auf vier Beinen geht, mittags auf zweien und abends auf dreien? (Die Antwort ist einfach: Der Säugling krabbelt auf

Um 525 v. Chr. Die Sekte der Pythagoräer lehrt, dass der Anfang aller Dinge die Zahl sei. Die Mitglieder des Geheimbundes müssen sich verpflichten, Außenstehenden nichts über ihre Entdeckungen zu berichten. Auch hier ist der Geist mit einer diätischen Vorschrift verknüpft: Der Verzehr von Bohnen ist untersagt.

allen Vieren, der erwachsene Mensch geht aufrecht, der Altersschwache mit Stock, also auf drei Beinen.) Gelingt es Ödipus, mit der Auflösung dieses Rätsels die Sphinx vom Sockel zu stoßen und Theben von der Tyrannei des Ungeheuers zu befreien, so muss er später einen hohen Preis dafür bezahlen. Denn es ist der Wille zur Selbsterkenntnis, der Ödipus zwingt, seiner eigenen Schuld ins Auge zu sehen. Was er sieht, ist so unerträglich, dass er es vorzieht, sich mit dem Schwert zu blenden.

Tatsächlich lässt sich die Geschichte des Ödipus als beispielhaft für jene Geistesströmung lesen, die man als *Gnosis* oder als *Gnostizismus* bezeichnet. Mag die Gnosis, buchstäblich genommen, mit der Aufgabe der Selbsterkenntnis in eins fallen, so wird sie doch zur bevorzugten Weltfluchttechnik, und zwar gerade in dem Maße, in dem sich im Gefolge des Alphabets so etwas wie eine Vernunftreligion ausbreitet. So haben die Pythagoräer, ein Geheimbund des 6. vorchristlichen Jahrhunderts, nicht nur einiges für die Mathematik getan, sondern auch einige esoterische Lehren in die Welt gesetzt, etwa dass die Ursache aller Dinge die Zahl sei. Man könnte die Idee des reinen Zeichens als Ursache für die gnostische Spaltung lesen – erweckt sie in den Menschen doch die Fantasie, auch sie könnten so rein und unbefleckt sein wie das als überirdisch empfundene Zeichen.

Um 100 Der griechische Philosoph Basilides, der in der ägyptischen Gnosis groß wurde, verfasst in Alexandria eine Lehre vom *ungewordenen Vater*, der sich in sieben Instanzen aufteilt, die ihrerseits ein irdisches Geisterreich darstellen. Sie bilden den Namen Abraxas und die Zahl 365 – das Abrakadabra des gnostischen Denkens.

Ist bei Platon der Mensch – als Bewohner einer Schattenwelt – nur dazu imstande, den Abglanz des Ewigen zu sehen, können sich die Gnostiker schon nicht mehr damit begnügen. Wenn dem Menschen eigentlich eine Engelsnatur innewohnt, so steht ihm ein Platz im Paradies zu: hier und jetzt. Hat nicht der Mensch selbst, als Vernunftwesen, einmal an der göttlichen Wahrheit teilgehabt? Aber wenn dies so ist: Wie kommt es, dass er nicht mehr im göttlichen Licht steht, sondern ins Jammertal herabgesunken ist?
Mit dieser Frage beginnt das gnostische Drama, das nun nicht mehr um Selbsterkenntnis kreist, sondern bei dem es vor allem darum geht, sich zum Engel zu stilisieren. Folglich stehen hier zwei Mächte unversöhnlich gegeneinander: auf der einen Seite das geistige und makellose Vernunftwesen Mensch und auf der anderen Seite das sündige Fleisch. Befördert man Letzteres, sei es, dass man Fleisch zu sich nimmt, sei es, dass man sich der Fleischeslust hingibt, setzt man den Geist einer vollständigen Kontamination aus. Die einzige Chance besteht in strengster Diät und grenzenloser Körperverachtung (wozu – das Leben ist paradox – gelegentlich auch eine exzessiv betriebene Sexualität passen kann).
Da nun aber der Mensch nicht für den Skandal verantwortlich ist, dass man ihn in seinen Körper, in die Sünde der

Um 240 Der Perser Mani gründet die Sekte der Manichäer, die die Gedanken der Gnosis in neue Höhen hinaufschraubt, in den ewigen Kampf von Licht und Finsternis, Geist und Materie. Nachdem es Mani gelang, einen persischen König zur Konversion zu bewegen, wurde er von dessen Nachfolger ins Gefängnis geworfen und gefoltert.

Fleischeslust und Vergänglichkeit, eingekerkert hat, muss ein anderer zur Verantwortung gezogen werden. Der Bösewicht ist schnell gefunden. Ist das reine Zeichen (das *symbolon*) göttlich, so kann das Gegenteil nur teuflisch sein, *diabolon*. Mit dieser Einsicht, die man zugleich als die Erfindung des Teufels lesen könnte, beginnt das Spiel von Gott und Teufel, Himmel und Erde. Alles, was mit Geburt und Schöpfung, Fleisch und Blut zu tun hat, ist des Teufels, alles, was mit Geist, Licht und dem Immateriellen zu tun hat, die *eigentliche Menschennatur*. Wenn nach dieser Lehre der Mensch ein gefallener Engel ist, den ein böser Demiurg (= Weltenschöpfer) in einen sündigen Körper eingekerkert hat, verwundert es nicht, dass das griechische Wort *sarx* nicht bloß das *Fleisch* meint, sondern mit dem *Sarkophag* zu tun hat. Anders gesagt: Ich bin im eigenen Leib lebend begraben. Insofern kann der Gnostiker die materielle Welt nur als Gefängnis und als Jammertal auffassen, kann sein Glaubensbekenntnis nur in der Weltverdammung bestehen und darin, dass es besser wäre, er wäre niemals geboren.

Mit einiger Berechtigung könnte man die Gnostiker *Utopisten* nennen, führen sie doch den Nicht-Ort des Paradieses gegen die konkrete Welt ins Spiel. Dabei sind die Gnostiker keine eindeutige, lokalisierbare Gemeinschaft,

Ab 400 In Syrien macht sich eine Bewegung bemerkbar, die später als die *Säulenheiligen* in die Geschichte eingegangen sind. Ihr Weltverachtungskampf, der einem staunenden Publikum in aller Öffentlichkeit vorgeführt wird, gilt der Überwindung des eigenen Körpers: ...

sondern bilden sozusagen eine Ökumene der Weltverachtung. Es gibt eine jüdische, christliche, griechische, ja selbst eine ägyptische Gnosis. Letztere scharte sich im 1. Jahrhundert um den Magier Hermes Trismegistos, den Urvater aller Alchemisten und Hermetiker. Bei allen Unterschieden im Detail haben doch alle Gnostiker die Gemeinsamkeit, Geist und Körper peinlichst voneinander trennen zu wollen. Auch das frühe Christentum hatte mit dieser Frage zu schaffen, und zwar insofern, als den Gnostikern die Menschennatur Christi nicht nur undenkbar, sondern geradezu verabscheuungswürdig sein musste.

Um diesem Skandal zu entgehen, bestand das Hauptanliegen der Gnostiker darin, die von den Evangelien bezeugte Leiblichkeit Jesu zu negieren – und ihm stattdessen einen Astralleib anzudichten. So verfiel der Verfasser der gnostischen Petrus-Apokalypse auf den Gedanken, dass die Kreuzigung Jesu in Wahrheit gar nicht stattgefunden habe – oder wenn, so nur zum Schein. Zur gleichen Zeit nämlich, als ein materielles Christusdouble den Kreuzestod gestorben sei, sei die Lichtgestalt Jesu seinem Lieblingsjünger Johannes erschienen und habe ihm lachend verkündet, all dies sei gar nicht wahr. Kann man der Frage des Leibes im Falle der Kreuzigung nicht entgehen, so erstreckt sie sich doch auf die Niederungen der Menschlichkeit überhaupt.

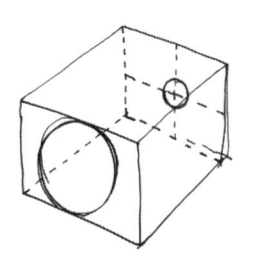

… Symeon etwa lässt sich eingraben, entzieht seinem Körper durch dauerhaftes Stehen den Schlaf, schließlich begibt er sich auf eine Säule, wo er sich mit Unrat überhäuft und seine Kasteiungen zelebriert.

Bei Valentinus († nach 160) etwa heißt es: »Jesus aß und trank in einer besonderen Weise, ohne die Speisen wieder auszuscheiden. So groß war die Kraft seiner Fähigkeit, die Ausscheidung zurückzuhalten, dass die Speisen in ihm nicht verdarben, denn er selbst war unverderbbar und ohne Verfall.« Wie sagte der Student nach einer Vorlesung über die Gnosis: »Meinen Sie, das hat irgendetwas mit den Veganern zu tun?«

Das Recht

Wenn die heutigen *Dating-Shows* merkwürdige Siegesprämien präsentieren (entweder den Auserwählten oder ein Sportrad), so sind derlei Alternativen nicht ohne Vorbild. So wurde eine junge bildungshungrige Dame des Mittelalters, die wie ihre Brüder nach Bildung verlangte, von ihren Eltern vor eine ähnlich merkwürdige Alternative gestellt: entweder einen Mann zu heiraten oder aber den *Corpus Iuris Civilis* zu bekommen, jene dickbändige Gesetzessammlung, die das römische Reich der Nachwelt hinterlassen hat. Und die Antwort der jungen Dame zeigt, dass die Aussicht auf den Corpus des römischen Rechts einem Männerkörper durchaus vorzuziehen ist. Tatsächlich ist die Alternative nicht einmal unpassend, da es allein diesem juristischen Körper gelungen ist, den Untergang des Reiches zu überstehen. Sein *forever young* ist umso erstaunlicher, als dieses Denkmal des römischen Reiches erst in dem Augen-

450 v. Chr. Die Römer übernehmen das griechische Recht und stellen es auf zwölf Tafeln auf dem Forum Romanum auf, weswegen man von den *Zwölftafelgesetzen* spricht.

blick zusammengestellt wurde, als die Antike vorüber war. Bezeichnend, dass die Order dazu nicht aus Rom selbst, sondern aus Ost-Rom kam. Initiator war Kaiser Justinian I. (482 bis 565 n. Chr.), der letzte Kaiser, dessen Muttersprache Latein war. Als überzeugter Christ freilich beeilte er sich, die Platonische Akademie in Athen abzuschaffen, ebenso wie das römische Konsulat – während er die Legitimität des Kaisertums auf den Sockel des *Gottesgnadentums* stellte. Nur das römische Recht sollte von seinen antiheidnischen Säuberungsmaßnahmen ausgenommen bleiben.

Aber kommen wir zu den Anfängen des römischen Rechts. Wenn auch gern behauptet wird, dass die Römer eigentlich alles importiert hätten (inklusive ihrer Götterschar), so ist ebenso unstrittig, dass ihr genuiner Beitrag zur Weltgeschichte im Recht liegt. Woher kommt die römische Begeisterung für das Recht? *Dass* sie da ist, wird deutlich daran, dass die römischen Autoren, namentlich Cicero, immer wieder unterstreichen, dass jeder Krieg, den Rom geführt habe, rechtmäßig gewesen sei. Kein Krieg ohne förmliche Kriegserklärung. Tatsächlich hat das Recht im frühen Rom eine geradezu religiöse Bedeutung: So gibt es eine Schar von Staatsbeamten (ein Pontifikalkollegium mit einem *Pontifex maximus* an der Spitze), denen es obliegt, das *heilige Recht* (das *Ius sacrum*) auszulegen und zu bewahren.

300 v. Chr. Das *Ius Flavianum* regelt, wie Prozesse geführt werden. Fortan werden auch Plebejer zum Pontifikalkollegium zugelassen.

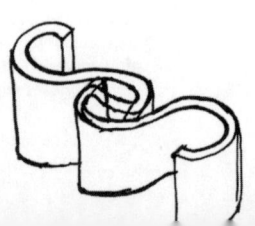

Mag sein, dass dieser Ordnungswahn mit dem Formalismus der lateinischen Sprache zusammenhängt. Auf jeden Fall besitzt das Recht eine magische Dimension, insofern jede Transaktion an bestimmte formelle Rituale geknüpft ist, ohne die sie nicht rechtsgültig ist. Wollte man etwa einen Sklaven verkaufen, musste man sich an den Zauberspruch der *mancipatio* (wörtlich: *Handergreifung*) halten, der lautete: »Ich behaupte, dass dieser Sklave nach dem Recht der römischen Bürger mein Eigentum ist und dass er um dieses Kupfer von mir gekauft sei.« Nun bezieht sich das Eigentumsrecht nicht nur auf den Sklaven, sondern auch auf den Sohn, dessen *emancipatio* auf ähnlich präzise Weise geregelt ist. So wird er dreimal an einen Vertrauensmann verkauft, dann, nach einer gewissen Frist, dem Familienoberhaupt, dem *pater familias*, wieder zurückgegeben (das ist der Akt der *remancipatio*), schließlich wird er endgültig aus der Gewalt des Vaters entlassen – und genau darin besteht seine *Emanzipation*. Tatsächlich ist der Augenblick der Freiheit identisch mit dem Kennzeichen *sui Iuris*, also *rechtsfähig* zu sein.

Rechtsfähigkeit wiederum ist ein Privileg des Vollbürgers: Frauen, Kinder, Sklaven sind davon ausgenommen, aber auch Geisteskranke und Verschwender, des Weiteren Ausländer (zu denen auch die Sizilianer gehören), Verbannte

455 Plünderung Roms durch die Vandalen. Papst Leo I. nennt sich fortan *Pontifex maximus*.

528–534 *Der Corpus Iuris Civilis* wird zusammengestellt.

und Deportierte. Streng genommen ist es allein die Rechtsfähigkeit, die den Einzelnen zum ganzen Menschen macht: Hier bin ich Mensch, hier darf ich's sein. Vor diesem Hintergrund versteht man, dass die Fragen des Rechts existenzieller Natur sind, dass es kein leeres Geschwätz ist, wenn man zwischen Mündig- und Unmündigkeit unterscheidet, zwischen dem öffentlichen Recht und dem Privatrecht, zwischen römischem Recht und Völkerrecht. Es gibt Erbrecht, Scheidungsrecht, Pfandrecht, das Recht zur Adoption. Auch Abweichung vom Recht (Konkubinat, uneheliche Kinder) sowie Haftungsbeschränkungen sind etabliert; es ist geregelt, dass sich bestimmte, in Verträgen formulierte Verpflichtungen weitervererben (*pacta sunt servanda*), des Weiteren, dass und auf welche Weise ein Verurteilter Schadensersatz zu leisten hat – so muss beispielsweise ein Tierhalter für die Untaten seines Vierbeiners Schadensersatz leisten. Kurzum, das römische Recht, in einer ans Kasuistische grenzenden Besessenheit, regelt alles und jedes. Und immer müssen, wie im Falle der *emancipatio*, die richtigen Formeln gesagt, Gerichtswege eingehalten und Fristen beachtet werden. Dieser Formalismus, der quasi religiöse Züge trägt, erhebt sich zu Höhen, ja zu einer Raffinesse, von der ein Aristoteles, wie die ganze griechische Antike, nur hat träumen können.

Um 1100 Man findet eine Abschrift, oder genauer: eine Zusammenfassung des vergessenen *Corpus Iuris* (die *Littera Florentina*, die etwa 900 Seiten umfassen). Dieser Text wiederum wird zum Fundament des mittelalterlichen Rechtsverständnisses, vor allem der Universität von Bologna, die zur Pilgerstätte der europäischen Jurisprudenz wird.

Mochte Rom den Vandalen in die Hände fallen, mochten die Bauwerke dem Verfall überlassen sein, so hat doch der imaginäre Körper des *Corpus Iuris* im Mittelalter noch Entzücken ausgelöst, hat der Papst just in dem Augenblick, als Rom verschwand, sich den Ehrentitel des *Pontifex maximus* angeeignet. Bleibt die Frage, ob das wirklich ein Ehrentitel ist. Wie sagt der Schriftsteller noch: »Er war Jurist und auch sonst von mäßigem Verstand.«

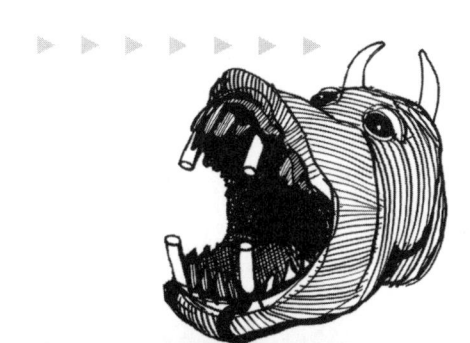

Das Kreuz

Wenn man heute darüber nachsinnt, dass man ein Kreuz mit dem Kreuz haben könnte, so wird man unweigerlich an Rückenprobleme, nicht aber daran denken, dass das Kreuz selbst ein überaus heikles Symbol darstellt, ein Symbol, dem sich selbst die Anhänger Jesu nur vorsichtig haben annähern können. Für so schimpflich galt diese Todesart, dass das Bild des Gekreuzigten nur als Spottsymbol wahrgenommen wurde – waren es doch vor allem entlaufene Sklaven, die man auf diese Weise exekutierte. Benutzten es die Christen als trotzig geheimes Erkennungszeichen, so dauerte es ganze drei Jahrhunderte, bis die Christenheit es zum Symbol ihrer selbst machte. Dennoch bleibt die Darstellung des Kreuzestodes auch weiterhin noch lange tabu: Bis ins Mittelalter sieht man den Gekreuzigten nur aus der Ferne. Über die Jahrhunderte zoomt dann der Blick immer näher heran. Und in dieser langsamen Annäherung entdecken

79 v. Chr. Der Gladiator Spartacus wehrt sich mit 70 anderen Gladiatoren gegen seine Versklavung. Nach der Niederschlagung des Aufstandes lässt der spätere Konsul Crassus 6000 Sklaven entlang der Via Appia ans Kreuz schlagen.

die Zuschauer, dass die Passion Christi die eigene ist – ja, dass der Menschensohn eine Art Stellvertreterfunktion innehat, die jeden Einzelnen meint.

Man könnte sagen, dass die Stadien dieser Annäherung die Entfaltung des Individuum-Gedankens beschreiben. In einer Parodie der Jesus-Geschichte, dem *Leben des Brian*, gibt es eine Passage, wo sich die Aspiranten auf den Kreuzestod in einer Schlange anstellen (ein wenig wie die Besucher in einem Disneyland-Park) – und wo derjenige, der die Ausgabe der Kreuze überwacht, darauf beharrt, dass jeder nur eins bekommen könne. Und diese Limitierung ist durchaus begründet – könnte man doch ansonsten verfahren wie der Psychiater, der der Patientin, die eine multiple Persönlichkeit zu sein vorgab, gleich sechsundzwanzig Rechnungen ausstellte. Nein, wenn Christus am Kreuz gestorben ist, so geht es um nichts anderes als um die Entdeckung des individuellen Seelenheils. War die Unsterblichkeit zuvor ein Privileg des Adels, ja, wurde im 4. Jahrhundert unter christlichen Theologen noch diskutiert, ob Frauen überhaupt eine Seele hätten, ist die Botschaft des Kreuzes radikal individualistisch und deswegen zugleich: radikal universalistisch. Ob jemand Zöllner ist, Prostituierte, ob er dieser oder jener Volksgruppe oder dem Bodensatz der Gesellschaft entsteigt, er wird nicht als solcher, sondern in seiner Gottähn-

Ab 50 Wegen der Christenverfolgung sind die Erkennungszeichen der urchristlichen Gemeinden zunächst Geheimsymbole. Eines der ältesten ist dabei der Fisch (griech. Ichthys), dessen Buchstaben ein Akronym darstellen für Jesus, Christus, Gottes Sohn, Erlöser – was dazu passt, dass Jesus selbst sich als »Menschenfischer« dargestellt hat.

lichkeit aufgefasst. Alle sind, unabhängig von Besitz und Vermögen, Stellung und Verdienst, Kinder Gottes.

In diesem Sinne artikuliert sich in der Anstößigkeit des Symbols, auf gleich mehreren Ebenen, das Revolutionäre der Menschensohn-Existenz. In einer Welt, die sich angewöhnt hat, den Geist und das Fleisch fein säuberlich voneinander zu scheiden, markiert Jesus auch eine Kreuzung von Gott und Mensch: die Doppelnatur eines Gottmenschen. Genau diese Lesart nimmt das Kreuz an. So meint die Vertikale die Verbindung, die vom Menschen zu Gott geht, während sich die Horizontale auf das Verhältnis von Mensch zu Mensch bezieht. In beiden Fällen aber ist dieses Verhältnis nicht mehr naturgegeben, sondern eines der Wahl. In der Kreuzung von Himmel und Erde, in der Doppelnatur Christi, wird das Herkömmliche überwunden. Wurden die verwitweten Frauen der griechischen Städte wie selbstverständlich dem Bruder ihres verstorbenen Ehemanns angetraut, so verheißt das Christentum Aufnahme in eine Gemeinschaft, bei der die Brüder und Schwestern Geschwister im Glauben sind. Der Einzelne ist nicht mehr Besitz eines Clans, einer Stadt, eines Volkes, sondern wird zum Teil einer Gemeinschaft, die über all das hinausweist. In eine moderne Sprechweise übersetzt, besagt dieser Protest so viel wie: *Mein Bauch gehört mir!*

325 Auf dem Konzil von Nicäa wird das Kreuz zum Kennzeichen des Christentums – just in dem Augenblick, da es von Konstantin zur Staatsreligion gemacht wird. Aber erst als Theodosios (347 bis 395) die Kreuzigung als Hinrichtungsart abschafft, wird das Kreuz frei für eine symbolische Lesart.

Es ist nicht verwunderlich, dass der Hauptvorwurf, den die klassische Antike dem Christentum machte, in diese Richtung zielt. Denn vor allem geißelt man die (Selbst-)Befreiungstheologie des Christentums. Der griechische Philosoph Celsus bringt diesen Widerwillen auf den Punkt, wenn er schreibt, dass ihm die Christen wie Regenwürmer vorkämen, die in ihrem kotigen Winkel vermeinten, dass »Gott die ganze Welt und die Bahn der Himmelskörper (...) im Stich lasse«, nur um ihnen, den Regenwürmern, seine Geheimnisse zu offenbaren. Dieser Vorwurf erfasst höchst präzise, worin das Wesen des Kreuzes besteht. Es ist *idiotisch* in jenem Sinn, in dem die Griechen das Wort *Idiot* aufgefasst haben – als Bezeichnung für den Privatmann, der sich aus der Gemeinschaft herauslöst. Dabei ist der Loslösungsprozess, also die Verheißung des ewigen Lebens, die mit dem Kreuzestod einhergeht, noch sehr viel radikaler: In der Idee der Gottesebenbildlichkeit, im Zeichen des Kreuzes löst sich der Einzelne aus der Natur heraus: Er behauptet nichts anderes, als überirdisch zu sein. Das Kreuz stellt mithin nichts Geringeres als eine Revolte dar: ein Aufstand des Himmels gegen die Erde, ein Aufstand des Geistes gegen das Fleisch.

Mit dem Kreuz kommt die Möglichkeit einer *anderen Welt* ins Spiel. Fortan werden die Christen eine Politik des Him-

Um 700 Das uns vertraute, *apostolische* Glaubensbekenntnis wird formuliert. Erst in dieser Fassung findet sich die ausdrückliche Erwähnung der Kreuzigung, in der altrömischen Fassung hingegen ist höchst pauschal von der Auferstehung Christi die Rede.

mels betreiben, wird man mit jedem Glaubensbekenntnis wiederholen: *Wie im Himmel, so auf Erden.* Im Kreuz steckt also eine utopische Dimension. War bei Platon die Welt des Geistes, das absolute Licht, dem Menschen unzugänglich, so behauptet das Kreuz, dass diese beiden Sphären stets gleichzeitig da sind, dass sie Teil unserer selbst, unserer Doppelnatur sind. In diesem Sinn ist der Märtyrertod, was das griechische *martys* (*Zeuge*) bedeutet: Der Beweis der Menschlichkeit *und* ihre Überwindung.

Ab 1100 Erst im Mittelalter kommt es zur Verehrung des Kruzifixes, das heißt des ans Kreuz genagelten Christus. Dies geht einher mit der Entstehung der Passionsspiele, die den Leidensweg Christi nachspielen.

Reinheit

Wenn man einen der wenigen kundigen Theologen befragt, die wissen, was es mit der Lehre von der unbefleckten Empfängnis auf sich hat (und die wiederum ein ganzes Leben lang die Proteste der Laien beantwortet haben), wird man mit der nachsichtig lächelnd vorgetragenen Antwort beschieden, dass es bei dieser Frage gar nicht um Maria, sondern eigentlich um Joachim und Anna gehe. Wer aber sind, in Gottes Namen, Joachim und Anna? In einem solchen Falle, möchte man meinen, könnte es sich lohnen, die Evangelien zu Rate zu ziehen – aber auch hier findet sich nicht die geringste Spur dieses ominösen Paars. Was wiederum die befremdliche Schlussfolgerung nahelegt, dass der Eckstein der einen und allein seligmachenden Kirche auf einem Rätsel beruht. Tatsächlich muss man, um dem Dogma der unbefleckten Empfängnis auf die Spur zu kommen, weit zurückgehen. Kompliziert wird die Angelegenheit

2. Jh. Im Protoevangelium Jakobus wird die Kindheitsgeschichte der Maria erzählt, vor allem werden ihre Eltern Joachim und Anna dem geneigten Publikum vorgeführt.

auch deshalb, weil man hier auf jene gnostische Problematik stößt, die uns Heutigen bizarr und unverständlich anmuten wird. Die Aussage, dass ein Gott, der im Schoße einer Frau niedergekommen ist, die antike Kleiderordnung verletzt, wäre eine schamlose Untertreibung – handelt es sich doch um die Zumutung schlechthin: Ein Gott, der mit dem Fleisch in Berührung gekommen ist, kann der Zeit nur als unrettbar kontaminiert gelten. Folglich behaupten die Gnostiker, die an der Makellosigkeit des Erlösers interessiert sind, dass Jesus durch Maria hindurchgegangen sei wie Wasser durch eine Röhre.

Mögen solche Behauptungen die gröbsten Fragen lösen, so tun sich an anderer Stelle vertracktere Probleme auf. Diese rühren daher, dass die Evangelien in der Frage der Jungfrauengeburt durchaus widersprüchlich sind. So erzählt das Markus-Evangelium davon, dass Jesus bereits eine Weile auf der Welt umhergewandelt sei, bevor er von Gott adoptiert worden sei. Darüber hinaus ist davon die Rede, dass Jesus mehrere Geschwister gehabt habe – was die Anhänger einer Jungfrauengeburt befremden musste, hätte es doch bedeutet, dass Maria sich nach dieser erstaunlichen Gottesgabe höchst irdischen Gelüsten hingegeben hätte. Im Übrigen herrscht der Gottessohn bei der Hochzeit zu Kana seine Mutter auf eine höchst ungebührliche Weise

431 Das Konzil von Ephesos bezeichnet Maria als *theotokos* – das heißt: als *Gottgebärerin*.

an: »Weib, was habe ich mit dir zu schaffen?« Sind diese Ungereimtheiten schon merkwürdig genug, so kommt die üble Nachrede noch hinzu, die von heidnischer Seite ausgeht. Es werden Gerüchte gestreut, dass Maria sich mit einem römischen Soldaten namens Panthera (also Panther) eingelassen und ihrem Tölpel von Ehemann daraufhin die Idee einer Jungfrauengeburt eingeflüstert habe. Bei all diesen Verdächtigungen versteht man es durchaus, dass der Leumund der Maria im Laufe der Zeit deutlich aufpoliert werden muss, etwa dadurch, dass eine apokryphe Schrift (das heißt eine Schrift, die nicht Eingang in die Bibel gefunden hat) ihr eine Kindheitsgeschichte andichtet, welche der ihres Sohnes kaum an Reinheit nachsteht. Hier wird Maria von Engeln im Tempel genährt, bevor eines Tages der Witwer Josef (das erklärt die Geschwister Jesu) daherkommt und sich bereit erklärt, sich zum Hüter ihrer Jungfräulichkeit zu machen. Mit dieser Legende freilich ist die Frage, ob Jesus im Schoß einer Frau niedergekommen ist oder nicht, nur aufgeschoben.
Ein großer Denker des 3. Jahrhunderts, Origenes, findet hier die eleganteste Lösung, eine Lösung, die seinen persönlichen Widerwillen gegen jede Art von Sexualität und Fleischeslust widerspiegelt. Wenn Jesus, wie das Johannes-Evangelium lehrt, das lebendige Wort sei, dann müsse

man (so Origenes) sich die Empfängnis Jesu nicht als einen Fleischesakt, sondern als ein Hören, als eine Empfängnis durchs Ohr vorstellen. Mit dieser originellen Lösung liegt schon die Klärung des zweiten Problems parat, denn wenn es schon eine Ohrenbefruchtung geben soll, kann man sich auch eine Ohrengeburt vorstellen. Und genau dies wird zur vorherrschenden Lehre: So wie es ins eine Ohr hineingeht, so geht's aus dem anderen wieder heraus.

Hat man auf diese Weise die gynäkologische Seite des Problems erfolgreich geklärt, so tut sich mit dem 5. Jahrhundert, als Augustinus seine Lehre von der Erbsünde propagiert, ein neues, eher gattungsgeschichtliches Problem auf. Denn auch wenn Maria als Person vollkommen sündlos und jungfräulich gelebt haben mag, so untersteht sie doch, als Teil des Menschengeschlechts, der Erbsünde. An dieser Stelle wiederum geraten die Eltern Marias, Joachim und Anna, ins Visier der Theologen, denn die Erbsünde wird, wie Augustinus lehrt, durch die Fleischeslust übertragen. Dabei unterscheidet der scharfsinnige Mann zwischen dem körperlichen Akt (der an sich natürlich und nicht zu beanstanden ist) und der Libido, also der Lust, die dieser Akt erregt. Nur wenn Letztere im Spiel ist, kommt es zur Übertragung der Erbsünde. Vermittelst dieser scharfsinnigen Unterscheidung findet das Dogma der unbefleckten Empfäng-

533 Das Konzil von Konstantinopel bezeichnet Maria als *aeiparthenos* = Immer-Jungfrau.

nis nun seinen krönenden Abschluss – denn um Maria rein von aller Erbsünde zu halten, hat Gott die Zeugung der Muttergottes von jedweder bösen Lust frei gehalten, hat also gesorgt, dass Joachim und Anna die Tochter Maria im Zustand vollendeter Lustlosigkeit gezeugt haben. Und genau darin besteht das Wunder der unbefleckten Empfängnis: Es geht letztlich nicht um die Reinheit des Sohnes, sondern um die Makellosigkeit der Muttergottes.

Und wirklich: Verfolgt man die Stadien des Dogmas, so kann man nicht umhin, als sich vor dieser freischwebenden Konstruktion tief zu verbeugen – ist sie bewunderungswürdiger als alle aerodynamischen Büstenhalter zusammengenommen. Auch was seine weltlichen Folgen anbelangt, ist der Bauch der Jungfrau von einer nicht versiegenden Fruchtbarkeit. So wird das Mittelalter von einem regelrechten Marienwahn erfasst, all seine Kathedralen werden *Notre-Dame*, *Unserer Lieben Frau*, geweiht – und selbstverständlich ist die Dame, ebenso wie die Sublimierung der höfischen Sitten, eine Ausgeburt dieser Faszination. Aber die kulturell bedeutsamste Einlösung des Marienkultes ist die Entstehung der *Alma Mater*, also der mittelalterlichen Universität. Nicht nur, dass die Universität aus den Kathedralenschulen hervorgeht, die sich im Bauch der *Notre-Dame* angesiedelt haben, darüber hinaus

9. Jh. Der Hymnus *Ave maris stella* deutet den Namen der Maria um, der sich ursprünglich von *Mirjam*, dem »*bitteren Meer*« herleitet. Daraus wird nun *stella maris*, der Meerstern. Mit seiner Hilfe ist es dem Papst möglich, das Kirchenschiff durch die Stürme der Zeit zu navigieren.

wissen die Intellektuellen, die die Muttergottes mit ihren Gesängen lobpreisen, dass die Geschichte ihrer Schutzpatronin das Prinzip der Universität in sich trägt. Oder weshalb sonst geht man in eine Vorlesung oder hofft, dass sich im Seminar das Wunder der Ohrenbefruchtung wiederholt?

12. Jh. Von all den Kathedralen, die das gotische Europa errichtet, ist nur eine einzige Jesus, fast alle übrigen aber der Muttergottes, *Unserer Lieben Frau*, *Notre-Dame* etc. geweiht.

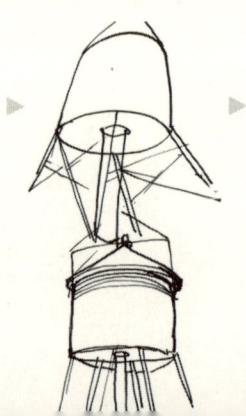

Arbeit

Noch im Mittelalter ist Arbeit etwas Schimpfliches, folglich ist das mittelhochdeutsche *arebeit* am präzisesten als *Mühsal der Enterbten* übersetzt. Dies gilt im gleichen Sinne auch für die Antike, deren demokratischer Sinn sich auf die Besitzenden, nicht aber auf die arbeitenden Klassen bezog. Die Frage ist also: Wie hat die Arbeit zum Wert, ja zur Kardinaltugend einer Gesellschaft werden können?
Der Weg geht hier, wie häufig, über die Religion. Nicht nur, dass das Christentum die sozialen Schranken durchlässig gemacht hat, darüber hinaus hat es mit den Exerzitien und den Selbstkasteiungstechniken der Wüstenmönche schon jene Tugenden hervorgebracht, die man heute sogleich auf der Zunge hat, wenn man über Arbeit spricht: *Selbstaufopferung, Disziplin* und so fort. Aber so wie eine Schwalbe keinen Frühling macht, so kann die Lust an der Selbstkasteiung in der Einsiedelei nicht produktiv werden, auf jeden

Um 1147 Die Zisterzienser besiedeln die Wälder Burgunds. Der Gang in die Wildnis ist ein Novum und verbunden mit einem Gedanken des Ordensgründers, der sagt, dass der Baum eine gefallene Säule sei, die Gründung eines Klosters mitten im Wald mithin der Versuch, das Paradies wiederherzustellen.

Fall vermag sie sich nicht zu einem Arbeitsethos zu verdichten. Dies kündigt sich erst an, als Benedikt von Nursia im 6. Jahrhundert n. Chr. den ersten Mönchsorden gründete. Einer Gemeinschaft von Einsiedlern ein gemeinsames Gesetz zu verordnen, ist keineswegs leicht. Folglich musste Benedikt erleben, dass seine Mitmönche ihn mit vergiftetem Wein umzubringen suchten. In diesem Sinne waren die gemeinsame Arbeit und das gemeinsame Gebet gemeinschaftsförderlich, kam es also zu jenem *ora et labora*-Motto (das als Belohnung verspricht, dass Gott sogleich zu Hilfe eilt: *Deus adest sine mora*). Stellte das Motto der Benediktiner die Arbeit dem Gebet geradezu gleich, so war es faktisch doch so, dass die mönchische Arbeit eher eine symbolische Funktion hatte.

Dies ändert sich erst im 12. Jahrhundert, als sich in Europa eine erste industrielle Revolution bemerkbar macht. Der Hunger verschwindet, Kathedralen ragen in den Himmel hinauf und die Märkte, die in ihrem Schatten erblühen, bringen den Städten nie zuvor gekannten Reichtum. In der Mitte dieses Jahrhunderts entscheidet sich ein scharf denkender Geistlicher, Bernhard von Clairvaux, mit seinen Mönchen in die Abgeschiedenheit, in die dunklen Wälder Burgunds zu ziehen. Getrennt von der Gesellschaft und ihren Versuchungen sollen die Mönche die ursprüng-

Ab 1150 In den Städten Europas kommt es, im Schatten des um sich greifenden Kathedralenbaus, zu einer Professionalisierung der Gewerke, ebenso wie zu einer massiven Arbeitsteilung. Die Zünfte (die Maurer beispielsweise, die im Freien arbeiten = Freimaurer) entleihen ihre Verfassung dem Templerorden.

liche Idealgesellschaft wiederherstellen – und sie sollen dies mit ihren eigenen Händen tun. Aus diesem Grunde radikalisiert Bernhard von Clairvaux die alte benediktinische Praxis. Das Motto seines Zisterzienserordens lautet nunmehr: *Arbeit ist Gebet.* Das heißt, die spirituelle Haltung eines Ordensbruders lässt sich an seiner Arbeitsleistung und Effektivität messen.

Dies bedeutet einen Bruch mit der bisherigen Ordnung. Galt bislang die Vorstellung, dass dem Menschen von Geburt dieser oder jener Platz in der Gesellschaft zukommt (die Ordnung der *Nobilität*), besagt die Arbeitsordnung der Zisterzienser, dass man sich diese Stellung erarbeiten muss. Nicht das Adelsprivileg ist entscheidend, sondern die tatsächlichen und nachweisbaren Leistungen des Einzelnen. Damit aber überwindet der Zisterzienserorden das starre Schema, das die mittelalterliche Gesellschaft in Priester, Ritter und Bauern trennt, und setzt an seine Stelle eine dynamische und veränderliche Gesellschaftsordnung, eine Ordnung, die auf die Mehrung der Einsichten zielt. Und wirklich ist dieses mönchische Experiment so erfolgreich, dass der Zisterzienserorden binnen eines Jahrhunderts nicht nur zur vorherrschenden Geistesströmung wird, sondern sich zu einem wirtschaftlichen Konglomerat auswächst, das sich in mehr als 360 Töchtergründungen über

Ab 1250 Zunehmend kommt es zur Entstehung von Lohnarbeit. Die Textilindustrie Genuas etwa kennt 23 verschiedene Arbeitsschritte.

ganz Europa erstreckt. Nicht zufällig ist es ein Ableger des Zisterzienserordens, sind es die Templer, die das erste europäische Bankennetz errichten. Hier entsteht – übrigens lange, bevor die Protestanten auf den Plan treten –, was man später das *protestantische Arbeitsethos* genannt hat. Nun lag diese Kapitalisierung des Geistes, seine Verwandlung in diesseitigen Mehrwert, gewiss nicht in der Absicht des Bernhard von Clairvaux, den man sich eher als einen lebenspraktischen Mystiker denken muss. Dennoch ist die Geschichte des Zisterzienserordens, der als ein spirituelles Wagnis begann, um als weltliche, geradezu kapitalistisch agierende Institution zu enden, durchaus bezeichnend für die Umdeutung der Arbeit. Wird Arbeit als Gebet interpretiert, so liegt es nahe, dass man die spirituelle Investition mit den Produkten zusammenbringt, die sie erzeugt. Der Glaube verdinglicht sich. Und weil er sich verdinglicht, wird er zur austauschbaren Handelsware. Genau dies ist es, was man gelegentlich als *calvinistische* oder *puritanische* Denkweise versteht. Im Calvinismus wird auf die Spitze getrieben, was sich bei den Zisterziensern noch als *Selbsterfahrungstrip* lesen lässt. Denn der Mensch ist verderbt, und das Einzige, was ihn von seiner völligen Verderbtheit reinigen kann, ist die Arbeit. Folglich ist alles, was dem Sakrament der Arbeit widersteht (langes Schlafen, Zeitver-

Um 1540 Der Schweizer Reformator Johannes Calvin (1509–1564) lehrt, dass Arbeit der Selbstzweck des Lebens, Zeitvergeudung hingegen die schlimmste aller Sünden sei.

geudung, Genuss), Sünde. *Arbeit*, so hat ein moderner Philosoph einmal gesagt, *ist gehemmte Begierde*.

Schon im 14. Jahrhundert entwickelt die Arbeit ein sonderbares Eigenleben. Da kommt zum Beispiel ein Mensch, der über sein sündhaftes Leben nachsinnt, auf den erbaulichen Gedanken, am Bau des Himmlischen Jerusalems mitzuwirken (in diesem Fall: des Straßburger Münsters). Und selbstverständlich – wie kann dies auch anders sein bei einem reuigen Sünder – will er keine Entlohnung dafür. Indes hat sich der Kathedralenbau zu dieser Zeit schon deutlich professionalisiert. So sind sämtliche Arbeiter irgendeiner Zunft oder Bauhütte zugeordnet (deren hochtönende Verfassung wiederum auf den Templerorden und damit auf die Zisterzienser zurückgeht). Nicht nur, dass diese Proto-Gewerkschaften die Tarife aushandeln, sie sorgen zuverlässig auch dafür, dass alle Nicht-Autorisierten vom Zugang zum Arbeitsmarkt ausgeschlossen werden. Was also tun mit diesem Freiwilligen, der den Arbeitsfrieden stört? Die Antwort ist kurz und schmerzhaft. Denn als der Eindringling, um der Wiederherstellung seines Seelenheils willen, auf einem Gerüst herumturnt, befördert ihn ein kurzer Stoß – in die Arbeitslosigkeit.

1555 In London wird das erste Arbeitshaus gegründet. Schon im 14. Jahrhundert hatte man die Wucherer ihre Sünden im Fegefeuer abarbeiten lassen, jetzt wird die Arbeit zunehmend als Straf- und Disziplinierungsmethode eingesetzt. Noch im Jahr 1821 lässt man Menschen in Tretmühlen schuften, die euphemistisch als *dancing academies* bezeichnet werden.

Die Uhr

Es gibt eine Theorie, die besagt, dass alle menschlichen Erfindungen Auslagerungen unserer Köperteile sind. Demnach wäre ein Hammer so etwas wie ein verlängerter Arm, eine Gabel eine Fortsetzung unserer Fingernägel und ein Reitpferd ein noch nicht ganz ausgereiftes Automobil. Für manche Menschen allerdings wirkt dieser Gedanke nicht nur theoretisch anziehend, sondern wächst sich geradezu zu einem Lebensplan, ja zu einem regelrechten Terrorregiment aus. Der Vater einer Freundin etwa, der von sich selber behauptete, er habe die Uhr im Kopf, stand jeden Tag um 5.45 Uhr auf, frühstückte und nötigte seine Familie (aber auch sämtliche Gäste des Hauses), um Punkt 11.15 Uhr zu Mittag zu essen. Mag der Zwangscharakter seine innere Uhr zum allgemeinen Gesetz erheben, so hat die erwähnte Theorie doch einen entscheidenden Konstruktionsfehler: Sie zäumt das Pferd von hinten auf. Bevor nämlich

1190 Der chinesische Mönch Su Sung baut und beschreibt eine monumentale Wasseruhr, die *Waage des Himmels*. Durch innere Probleme und den Einfall der Mongolen (um 1271) bleibt diese Entwicklung stecken.

die Zeit ins Innere eines Räderwerks gesteckt wurde, wäre niemand auf den Gedanken verfallen, absolute Maße anzusetzen. Folglich war eine mittelalterliche Stunde im Sommer gut zwei Stunden, im Winter nur eine halbe Stunde lang. Die Zeit verstrich, wie der Sand im Stundenglas verrinnt oder das Wasser in der Wasseruhr. Dass sich die Zeit aus allen Lebenswirklichkeiten herauslöst, ja dass sie unabhängig von aller Welt zu ticken beginnt (wie eine Art Parallelwirklichkeit), ist der Welt vor der Uhr so unwahrscheinlich wie einem Biologen die Vorstellung gewisser Ethnien, wonach die Frauen nicht von Männern, sondern von Dämonen geschwängert werden. Aber genau diese Herauslösung oder, wie man auch sagen kann, dieser Abstraktionsprozess hat sich im Zeichen der Uhr ereignet. Und da es hier um eine neue Zeitauffassung geht, ist es durchaus passend, die Uhr mit der Geburt unseres neuzeitlichen Weltbildes zu verknüpfen.

Was aber passiert einer Kultur, wenn ihr die Uhr zu Kopf steigt? Tatsächlich ist die Verwandtschaft zum Familientyrannen nicht zu verleugnen, nur dass sich die Philosophie nicht mit der Kleinfamilie begnügt, sondern sich gleich zur Herrin über das Universum aufschwingt. Fortan kommt niemand mehr auf den Gedanken, in der Natur einen komplexen Lebensraum zu vermuten, sondern man betrachtet

▶ ▶ ▶ ▶ ▶ ▶ ▶ ▶ ▶ ▶ ▶ ▶ ▶ ▶ ▶

1220 In Kölner Stadt-Dokumenten ist von einer Uhrmachergasse die Rede.

13. Jh. Überall in Europa breiten sich Wasser-, Wind- und Gezeitenmühlen aus. Einige unserer heutigen Großkonzerne (wie etwa die *Electricité de France*) haben ihre Ursprünge in diesen Kraftwerken, die man als Ursache für die industrielle Revolution des Mittelalters begreift.

sie als beleibtes Räderwerk. Konsequent spricht Descartes auch nicht mehr von Tieren, sondern von *natürlichen Automaten* – eine Begrifflichkeit, die verrät, dass man nicht vom Körper, sondern von der Maschine aus denkt.

Die Geschichte der mechanischen Uhr ist vor allem das Monument einer großen Selbsttäuschung. Dies zeigt sich schon daran, dass sich der Augenblick, da die Uhr den Philosophen zu Kopf steigt – im 17. Jahrhundert –, gleich um Jahrhunderte verspätet. In Wahrheit nämlich entsteigt die Uhr, wie das Alphabet, dem Dunkel der Geschichte, einer Zeit, die man nicht selten das *finstere Mittelalter* nennt. Irgendwann im Verlaufe des 12. Jahrhunderts ist die Uhr da, aber es gibt keinen Urheber. Oder wenn, so ist die Geschichte ihrer Urheberschaft von eher märchenhaftem Gepräge. Die Hauptfigur darin ist Gerbert von Aurillac, der spätere Papst Sylvester II. (950 bis 1003). Angeblich hatte dieser Gerbert seine beängstigende Intelligenz einem arabischen Zauberer zu verdanken. Nicht nur, dass er von seinem Lehrer in die Geheimnisse der Astrologie eingeführt wurde, schon nach zwei Jahren wusste Gerbert den Gesang und den Flug der Vögel zu entziffern. Dabei soll sein Lehrer ein durchaus freigiebiger Mann gewesen sein und ihm sämtliche Bücher aus seinem Besitz überlassen haben, bis auf ein einziges, das er sorgsam und eifersüchtig verwahrte. Durch das Geheimnisumwitterte dieses Buches dazu angestachelt, brachte sich Gerbert in dessen Besitz und entfloh; der Sarazene aber, des Verlustes gewahr, folgte ihm sogleich, wobei er von den Sternen (wie von einem Satellitenfoto) über den Aufenthalt seines treulosen Schülers unterrichtet wurde. In dieser Situation kam Gerbert der Teufel zu Hilfe und rettete ihn vor seinem Verfolger – allerdings nur um den Preis eines ewigen Treuegelöbnisses. Als Teufelsadept ins Frankenreich zurückgekehrt, eröffnete Gerbert einige Schulen und konstruierte wundersame Dinge, die seinen Ruhm mehrten: ein Astrolabium, eine kunstvolle Uhr und eine hydraulische Orgel, die, von Wind oder von kochendem Wasser angetrieben, Melodien erklingen ließ. Für sich selbst verfertigte er den Kopf einer Statue, welcher unter einer bestimmten Sternenkonstellation Antwort auf sämtliche Fragen wusste. Dieser Kopf sprach nur, wenn er befragt wurde – und bejahte die Frage des ehrgeizigen Gerbert, ob er Papst werden würde. Zudem wollte Gerbert wissen, ob er sterben werde, ehe er in Jerusalem die Messe gelesen habe – was wohl (da den Teufelsadepten nichts nach Jerusalem drängte) nichts anderes als die Frage nach der eigenen Unsterblichkeit war. Da der Kopf dies verneinte, wog sich Gerbert in falscher Sicherheit und übersah, dass es auch in Rom eine Jerusalemkirche gibt. Als er dort schließ-

1364 Giovanni de Dondi stellt sein berühmtes Astrarium fertig. Dieses stellt nicht bloß eine Uhr, sondern ein Modell unseres Planetensystems dar – und damit auch eine Rechenmaschine. Tatsächlich war de Dondi kein einfacher Uhrmacher, sondern der bedeutendste Astronom seiner Zeit.

lich eine Messe las, fühlte er die Vorboten des nahenden Todes und ließ sich zur Sühne Zunge und Hände abschlagen. Seitdem pflegt das Rasseln seiner Gebeine den nahenden Tod eines Papstes anzuzeigen.

Nun ist es wahr, dass der historische Gerbert von Aurillac ein Intellektueller war, der zahlreiche mechanische Wunderwerke in die Welt setzte, der das Notationssystem in der Musik erneuerte und die Null in die Mathematik einführen wollte, dennoch ist die Geschichte seines Teufelspaktes so unwahrscheinlich wie die Vorstellungen einer Geheimgesellschaft, die Gerbert angeblich gegründet hat. Dennoch bewegte dieser Gedanke die Nachwelt so sehr, dass man noch im 17. Jahrhundert die Überreste des Papstes ausgrub – und statt seiner tranchierten Gebeine ein unversehrtes Skelett fand. Was sich in all diesen Unterwanderungs- und Verschwörungsgeschichten widerspiegelt, ist das Fremdartige, das mit dem Räderwerk einhergeht. Wie kann ein totes Ding, ganz ohne menschliche Einwirkung, sich bewegen? Dieser Schrecken scheint in einer Anekdote auf, die von Thomas von Aquin (dem berühmtesten der mittelalterlichen Philosophen) erzählt wird. Eines Tages habe er an der Tür seines Lehrers Albertus Magnus geklopft, aber statt seiner habe ein menschlich dreinschauender Räderwerkautomat die Tür geöffnet – und der ent-

Um 1360 Nicole Oresme formuliert seinen klassischen Gottesbeweis, der die Schöpfung Gottes in Analogie zum Räderwerk setzt.

setzte Thomas von Aquin habe dieses Wunderwerk mit seinem Stock zerschlagen. Auch die sehr viel später erzählte Geschichte des Prager Golem, der sich nicht von seinem Urheber stoppen lässt, sondern alles kurz und klein schlägt, geht auf dieses Erschrecken zurück.

Insofern ist, was sich mit der Uhr verbindet, höchst paradox. Gilt sie den einen als Teufelswerk, erscheint sie den anderen als Paradies der reinen Vernunft. Tatsächlich müsste man, statt die Uhr zu dämonisieren oder sie als Produkt der reinen Vernunft absolut zu setzen, die Frage aufwerfen, wie es kommt, dass dieser Automat überhaupt derlei Fantasien auf sich zieht (anders als etwa ein Reißverschluss, den sich noch niemand in den Kopf gesetzt hat). Mit dieser Frage kommt man einer Besonderheit der Uhr nahe, die sie von den übrigen technischen Errungenschaften grundlegend unterscheidet. Denn es ist viel zu kurz gegriffen, wenn man nur von einer mechanischen Uhr spricht. In Wahrheit ist die Uhr nur der Spezialfall eines Räderwerkmechanismus, der zu allem Erdenklichen zu gebrauchen ist: Man kann ihn als Musikinstrument, als Spielwerk oder als Mühle einsetzen. Allgemeiner gesagt: Der Räderwerkmechanismus ist eine universale Maschine, die als Prinzip auch alle erdenklichen Räderwerkmaschinen in sich beschließt, die noch nicht erfunden sind. So gilt für die Uhr, was Steve Jobs für seinen Apple-Computer gesagt hat: »Der Computer ist die Lösung, was wir brauchen, ist das Problem.« Und weil man hoffen kann, dass sich mit dieser Maschine die Welträtsel lösen lassen, sind die monumentalen Uhren, die im 14. Jahrhundert in Straßburg und Padua errichtet werden, kosmologischer Art, zeigen sie nicht nur die Zeit, sondern den Stand der Planeten an. Auch die späteren Domuhren sind als Uhren nur höchst unvollständig erfasst, handelt es sich doch um Räderwerkprogramme, die Figurengruppen, Glockenspiele und Kalendarien steuern. Weil also der Räderwerkmechanismus eine universale Maschine ist (wie in unserer heutigen Zeit der Computer), verwundert es nicht, dass er von Anbeginn als universales Ordnungsprinzip gedacht wurde. Ja, man könnte sagen, dass die mittelalterlichen Denker den Lieben Gott zu einem Uhrmacher umschulen, wird doch fortan jeder Gottesbeweis mit einem Verweis auf die Herrlichkeit des Räderwerks versehen. Folgt man dieser Spur, wird man allerdings feststellen, dass das, was im Mittelalter die Herrlichkeit Gottes belegt, später dazu genutzt wird, ihn sozusagen aus der Welt herauszukomplimentieren. Denn wenn die Natur eine Maschine ist und das Herz nur ein Muskel, was sollte ein Gott darin verloren haben?

1600 Der Jesuit Matteo Ricci kommt nach China und übereignet dem chinesischen Kaiser neben einer Uhr allerlei mechanische Wunderwerke. Da dieser, als *Sohn des Himmels*, seine Legitimität aus der Zeit ableitet, nimmt er Ricci als Kalendermacher in seine Dienste, unterbindet aber die Verbreitung des mechanischen Wissens.

Der Fiskus

Eines Nachts ging W., ein älterer Verwandter mütterlicherseits, hinter das Haus und vergrub seine Schuhe. Der Grund, den er für dieses Verhalten ins Feld führte, war simpel: Der Fiskus sei hinter ihm her, und bei dem, was er an Einkommen angegeben habe, sei es vollkommen unvorstellbar, dass er mehr als ein Paar Schuhe besitzen könne. Hatte ihn diese Vorstellung des Nachts um den Schlaf, tagsüber um den Verstand gebracht, so verfolgte sie ihn noch bis in die Mauern der psychiatrischen Anstalt hinein. Denn während die *Bekloppten*, wie er sie nannte, sich allerlei merkwürdigen Exerzitien hingaben, war W. überzeugt, dass ihr Wahnsinn letztlich nur eine Wahnsinnsvortäuschung sei, dass sie in Wahrheit, Hand in Hand mit der Anstaltsleitung, daran arbeiteten, Steuersünder wie ihn dingfest zu machen. Für die Dauer seines Steuerverfolgungswahns jedenfalls war der Fiskus allgegenwärtig: Er

1086 Wilhelm der Eroberer setzt das *Doomsday*-Buch durch, das den Grundbesitz registriert, aber auch bestimmte Abgaben festsetzt. All dies bleibt jedoch gelegenheitsbezogen: Eine Witwe zahlt, wenn sie erneut heiraten möchte etc.

hatte sich dem bleichen Oberarzt ins Gesicht geschrieben, er saß im rasierten Nacken des bulligen Pflegers, er lauerte hinter dem Kalender versteckt in der Wand des Besuchszimmers – und so konnte ich ihm nur flüsternd die gute Nachricht übermitteln, es gebe Hoffnung, wir hätten endlich einen guten Steuerberater gefunden. Im Übrigen war W. ein durchaus fügsamer Patient – er nahm seine Pillen und war ansonsten, höchst erfolgreich, um Fadenscheinigkeit bemüht. Auf jeden Fall schritt sein Gesundungsprozess schnell voran. Die Anstaltsärzte schoben es der heilsamen Wirkung der Medikamente zu (der heilsamen Dreifaltigkeit von *Amitryptilin, Desipramin* und *Imiprimin*), ich würde sagen, es lag daran, dass der Steuerberater die gleiche Windjacke trug wie er selbst. Aber wer weiß. Auf jeden Fall wurde W. als geheilt entlassen, ging in den Garten und hob seine vergrabenen Schätze wieder aus. Zwar waren die Schuhe (denn es hatte unterdessen fast ununterbrochen geregnet) nicht mehr zu tragen, aber dafür waren sie der Steuerfahndung entgangen.

Die Frage, die sich mit der Geschichte des Herrn W. verbindet, lautet: Was ist das für eine Allgewalt, die nicht einmal vor den Wänden einer geschlossenen Anstalt Halt macht? Woher rührt dieser Steuerverfolgungswahn, der ja nicht nur Herrn W. betrifft, sondern der ältere Herren zu nör-

---

12. Jh. Es entsteht eine rege Debatte über die Natur des Fiskus. Ist er mit der *res publica* identisch? Oder ist diese nur sein Nutznießer? Wem gehört er? Ist der Fürst Eigentümer oder Verwalter im öffentlichen Interesse? Ist der Fiskus schließlich eine eigenständige Korporation, die das Leben eines Einzelwesens überdauert?

gelnden Kinder zurückverwandelt, die über den Fiskus jammern, wie die Ägypter über die Heuschrecken gejammert haben und wie man heute die Globalisierung beklagt? Dem Wort selbst, in seine bescheidenen Anfänge zurückübersetzt, ist diese Naturgewalt keineswegs anzumerken. Denn ursprünglich bedeutet das lateinische *fiscus* nichts weiter als *geflochtener Korb* – und im übertragenen Sinn die Kasse des Kaisers, die für sein Privatvermögen gedacht ist. Aber da diese Kasse zumeist leer war, wäre es angebrachter, sich dieses Behältnis eher als einen Windbeutel zu denken; auf jeden Fall aber wäre wohl niemand auf den Gedanken verfallen, diesem Objekt eine überirdische Macht zuzuschreiben. Kein Mensch hätte sich in schlaflosen Nächten seiner Steuersünden wegen gegrämt, und wenn der Caesar seine Kassenlage hätte aufbessern wollen, hätte es roher Gewalt und entsprechend gerüsteter Steuereintreiber bedurft.

Wie also kommt es, dass sich der Fiskus vergeistigt? Will man diese Frage beantworten, ist es ratsam, sich in die Nöte eines mittelalterlichen Feudalherrn zu versetzen. Tatsächlich stellt das Feudalsystem mit seinem Zehnten nicht nur eine leicht verständliche Abgabenordnung, sondern darüber hinaus eine Art Steuerparadies dar, das den Anhängern einer *flat tax* Freudentränen in die Augen treiben würde. Was den Untertanen zum Segen gerät, ist dem Lan-

1290 Die Geschichte Edward I. (des Hammers) zeigt das Dilemma des mittelalterlichen Feudalherrschers. Edward hat sich, um einen Kreuzzug zu finanzieren, bei venezianischen Bankiers verschuldet. Er kehrt nach England zurück und versucht, bei den Baronen eine Sondersteuer ...

desherrn jedoch ein Gräuel: Er muss erleben, dass er nie genug Geld hat, um die Bedürfnisse der Allgemeinheit zu bezahlen: Straßen, Ausgaben für die Landesverteidigung und so fort. Erschwerend kommt hinzu, dass die Herrscher zunehmend auf Geld angewiesen sind. Konnte man die Tribute bislang in Naturalien eintreiben, so greift mit den nervös tickenden Uhren die Sitte um sich, die Zeit zu Geld zu machen. Zudem nutzen ganze Städte (die so genannten *freien Reichsstädte*) die Gelegenheit, sich mit einer Einmalzahlung der Tributpflicht überhaupt zu entledigen – mit dem Effekt, dass sich das Feudalsystem zunehmend einem Schweizer Käser anverwandelt, der aus mehr Löchern besteht denn aus Substanz.

In diese Löcher stoßen bald die Juristen und sorgen für eine Metamorphose des Fiskus. Und da die Juristen zu dieser Zeit stets auch Theologen sind, kommt ihnen eine Denkfigur zupass, die sie dem Christentum verdanken: die Lehre von den zwei Reichen, dem himmlischen und dem irdischen. Dieser Lehre gemäß wirkt der König als Gottes Stellvertreter auf Erden. Von daher ist es durchaus logisch, das Vergehen am weltlichen Herrscher (also die Nicht-Einlösung einer Steuerschuld) nicht bloß als Ordnungswidrigkeit, sondern als Steuer*sünde* zu brandmarken. Allerdings lassen sich diese *geheiligten* Ansprüche nicht so einfach

... einzutreiben. Diese verlangen im Gegenzug die Ausweitung parlamentarischer Rechte – und die Vertreibung der jüdischen Wucherer. Mit dieser Maßnahme beginnt die große Phase des mittelalterlichen Antisemitismus.

durchsetzen, weil die weltliche im Unterschied zur himmlischen Macht nicht überall sein kann. Um diesem Manko entgegenzutreten, hauchen die Juristen dem leeren Staatssäckel Leben ein – bauschen ihn also zu einem selbstständigen Wesen auf, das wie Christus allgegenwärtig und unsterblich ist. In ihrem Argumentationsgespinst gilt der Fiskus nicht mehr als Ding, ja nicht einmal mehr als eine irdische Macht. Von nun an ist er, wie dies ein findiger Jurist vermerkt hat, »allgegenwärtig und hierin gottähnlich«. Nachdem also in der Gewaltenteilung von Himmel und Erde die Parallele von Christus und Fiskus etabliert worden ist, kann man sagen: *Qui quod non capit Christus, capit fiscus – Was Christus nicht schnappt, das schnappt der Fiskus.* Auf diese Weise erhebt sich über dem ganzen Land das Gespenst der öffentlichen Hand, die nie schläft und deren Aufmerksamkeit niemand entgeht.

Diese öffentliche Hand, die jeden Untertanen zum Schuldpflichtigen macht, und zwar immer und überall, ist eigentlich größer als der König selbst. Nicht von ungefähr geht man dazu über, das Vaterland (die *patria*) mit dem Fiskus zu identifizieren. So verwandelt sich die Börse, die nichts weiter als den schnöden Mammon enthalten hat, in etwas quasi Heiliges, das über dem König selbst steht. Tatsächlich offenbart sich in dieser Wendung die ganze Intelligenz

14. Jh. Der Jurist Baldus de Ubaldis (1327–1400) vervollkommnet die Fiskus-Lehre.

des Konzepts. Denn mögen die gekrönten Häupter mit dem fiskalischen Trick ihrer Geldsorgen ledig sein, so ist doch ebenso unstrittig, dass die Krone dem König sozusagen über den Kopf wächst. Wie der Fiskus als allgemeines Schuldbewusstsein über der Gemeinde der Steuerschuldner thront, so steht die Krone – der Nationalbesitz – über dem König selbst. Und genau aus diesem Grund kann man dem König *im Namen des Königs* untersagen, den Kronbesitz für Privatgelüste zu verschleudern – oder einen wahnsinnig gewordenen Herrscher, im eigenen Interesse sozusagen, von den Amtsgeschäften entheben.

Hier, wenn man so will, nimmt der Wahn des Herrn W. seinen Anfang. Denn zweifellos ist der Fiskus nicht mehr das, was Sache ist, sondern im Gegenteil eine körperlose Instanz, ein Geist, der der Flasche entstiegen ist. Und mit ihm erscheint jenes Wesen auf der Weltbühne, das die Juristen, in scharfer Abgrenzung zur natürlichen Person, die *juristische Person* nennen. Wie Christus ist auch diese Person als unsterblich gedacht, folglich kann man sie nicht dazu nötigen, Erbschaftssteuer zu bezahlen. Man versteht leicht, dass diese Konstruktion der irdischen Unsterblichkeit nicht nur die Juristen, sondern auch die Unternehmer entzückt hat, die nach dem Muster des Fiskus *Gesellschaften mit beschränkter Haftung* oder andere Wesen dieser

17. Jh. Mit der Konsolidierung des Staates und der Errichtung eines stehenden Heeres setzt sich die Idee einer *allgemeinen Steuer* durch. Zuvor hatte sich der Staat nur über Gelegenheitssteuern, den Verkauf von Monopolen etc. finanzieren können.

Art ins Leben entlassen, immer mit dem Rückgriff auf die Konzepte, die schon die Theologen des Mittelalters ersonnen haben. Lag der Sinn dieser Gesellschaften ehedem darin, dass sie das Leben eines Einzelmenschen überdauern sollten, beschäftigen sich die Juristen unserer Tage vor allem mit jenen Gespenstergestalten, deren Sinn nur darin besteht, für die Dauer ihrer Scheintätigkeit eine andere Gesellschaft auszubluten. Wie heikel es sein kann, wenn ein domestizierter Gedanke außer Kontrolle gerät, musste freilich schon der findigste der mittelalterlichen Juristen erkennen, Baldus de Ubaldis, der dem Fiskus eine geradezu göttliche Weihe zuerkannt hatte. Vom eigenen Schoßhündchen gebissen, sollte er (wie sein Schoßhündchen selbst) an der Tollwut verenden.

Die Einbildungskraft

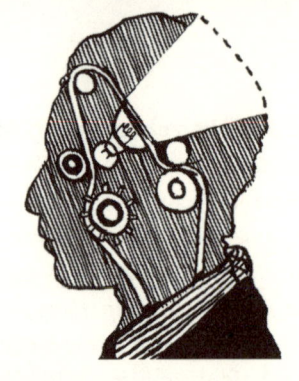

Wenn die Kathedralen des Mittelalters das himmlische Jerusalem auf die Erde herabholen – und wenn man (wie der Heilige Franziskus) beginnt, die biblischen Episoden nachzuspielen (mit Ochs und Esel), so könnte man von einem *Verdinglichungswunsch* des Mittelalters sprechen. Und weil alles (»wie im Himmel, so auf Erden …«) real werden soll, beginnen die Theologen eine höchst merkwürdige Debatte. So behaupten sie, dass die Oblate, die beim Abendmahl gereicht wird, nicht das Symbol des christlichen Leibes ist, sondern dieser Leib selbst: *Corpus Christi*, und dass der Wein in dem Augenblick, da der Priester die Worte spricht, sich zu seinem Blut verwandele. Selbstverständlich ist der Disput, der sich um die Frage der Transsubstantiation dreht (also der wundersamen Verwandlung), vor allem als Niederschlag eines klammheimlichen Materialismus zu deuten. Man nimmt Geld, Zinsen und schult den

12. Jh. Die Gotik fasst sich als *ars moderna* auf – und wirklich entstehen eine Reihe neuer Kunstformen: Fahrende Sänger erscheinen in den Städten, Troubadoure und Minnesänger. Die Legenden um die Artus-Runde oder die Nibelungen werden popularisiert, neue Mythen geschaffen (wie die Ritterromane und *Aventiuren*, die sich Don Quijote zu Gemüte führt).

Lieben Gott zum Uhrmacher an – und wenn man genau hinschaut, sieht man, dass die Kathedralen der Zeit durchaus geschäftige Orte waren.

Dieser Verdinglichungswahn des Mittelalters hat aber zugleich eine Gegenbewegung erzeugt. Es entstehen Fantasien, die sich mit dem, was ist, nicht begnügen wollen. Man beginnt, Romane zu schreiben, entdeckt, dass sich in den Tarnkleidern des Religiösen durchaus neuartige Neigungen Raum schaffen können. Gerade in dem Maße, in dem sich ein Materialismus ausbreitet, entdeckt das Mittelalter die Einbildungskraft. Man könnte hier auf die Troubadoure oder die Verfasser der Ritterromane verweisen, ich aber möchte an jenen Denker erinnern, der die Lehre von der Einbildungskraft in die Welt gesetzt hat: Meister Eckhardt (um 1264 bis 1328). Meister Eckhardt ist gewiss der sonderbarste Theologe, den das Mittelalter gesehen hat. Dass er *Meister* heißt, weist ihn als Magister aus, als einen Universitätslehrer mithin, der an verschiedenen Universitätsstädten unterrichtet, in Paris, Erfurt, Straßburg und in Köln. Freilich ist seine Lehre so unerhört, dass sie ihm neben einer faszinierten Zuhörerschaft einen Inquisitionsprozess einbringt. Nehmen wir seine Lehre vom *Eigenwillen* beispielsweise. Weil der Mensch ein Ebenbild Gottes sei, wohne ihm eine Art Gottesbild inne. So weit ist dies allgemeine

Um 1200 Der erste namentlich bekannte Komponist, Perotinus Magnus, betritt die Bühne. In der Folge entsteht die musikalische Polyphonie, die der einzelnen Stimme eine immer größere Freibeweglichkeit erlaubt.

Übereinkunft. Neu aber ist, dass Meister Eckhardt das Gottesbild als etwas Vitales auffasst. Denn dieser verborgene, eingeborene Gott ist weniger ein Bild, sondern als göttliche Einbildungskraft eine inwendige Lichtgestalt, die sich ausbilden will. Wenn sie sich nicht ausbilden kann, so nur deswegen, weil ihr der Eigenwille des Menschen entgegensteht. Verzichtet der Mensch auf seinen Eigenwillen, wird sich diese Gottesnatur notwendigerweise in ihm ausbreiten (»Wo der Mensch in Gehorsam aus seinem Ich herausgeht und sich des Seinen entschlägt, ebenda muss Gott notgedrungen hinwiederum eingehen«). Insofern hat diese Lehre fast buddhistische Züge. Es stellt sich aber die Frage: Wie weit und wohin wird dies den Einzelnen führen? Dass dieser Weg zu Gott führt, scheint klar, ebenso, dass er zu Gottes Vernunft führen wird. Radikal ist freilich die Konsequenz: Denn Meister Eckhardt behauptet nicht nur, »dass Gott intellectus ist«. Er behauptet, dass der Einzelne, wenn er sich in der Enteignungskunst vervollkommnet, selber zu Gott werden wird.

Vielleicht muss man ein paar Seiten dieses erstaunlichen Denkers gelesen haben, um einen Sinn für seine Sprachgewalt zu gewinnen, für die Räume, die sich mit ein paar Zeilen auftun. Da nimmt er zum Beispiel einen einzigen Satz aus der Apostelgeschichte, wo der Christenverfolger Sau-

Ab 1200 Die Minne, die die Marienverehrung auf eine leibhaftige Dame überträgt, fungiert wie eine Batterie der Einbildungskraft. Hat man Maria als *specule sine macula*, als *makellosen Spiegel* begriffen, lässt sich die Lust ...

lus auf der Straße von Damaskus von einem gleißenden Lichtblitz getroffen wird – und wo da steht: »Saulus fiel auf die Erde und sah nichts.« Und was stellt Meister Eckhardt mit diesem Satz an? Er nimmt ihn und befragt ihn auf eine Weise, dass einem schwindelig wird. Zum einen nämlich besage dieses nichts weiter, als dass der gute Mann physisch geblendet worden sei, also nichts sehen könne. Beim zweiten Durchlauf wird dieses Nicht-sehen-Können schon metaphorisiert, sieht Paulus: das Nichts. Und dann – dann sieht er nichts als Gott. Und wie lässt sich seine Lehre vom vierfachen Nichts vollendeter darstellen als durch diese letzte, atemberaubende Drehung: Er sieht Gott als Nichts. Es nimmt nicht wunder, dass diese Gedanken bei grobsinnigen Leuten nicht auf Gegenliebe stoßen. Sie werfen ihm vor, er habe sich zu der Behauptung verstiegen, sein »kleiner Finger habe alles geschaffen«.

... nun auf irgendeine weibliche Fantasiegestalt projizieren. Höhepunkt dieser Entwicklung sind die Gedichte, die Francesco Petrarca (1304 bis 1374) an Laura schreibt, eine junge Frau, die er nur ein einziges Mal gesehen hat, an einem Karfreitag.

Die Zentralperspektive

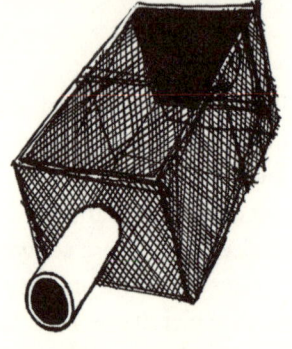

Im Verlaufe des Mittelalters verändern sich die Bilder. Plötzlich sieht man nicht mehr die typisierten Gestalten, die einander ähneln wie eine Ikone der anderen, sondern man sieht sich unverwechselbaren Gesichtern gegenüber. Hier ist jede Falte, jede kleine Unregelmäßigkeit naturgetreu wiedergegeben, und weil alles die Individualität der Porträtierten unterstreicht, kann es nicht überraschen, dass auch die Maler, im Stolz auf ihr Vermögen, ihre Bilder zu signieren beginnen. Wird das Gesicht zu einer Landschaft, so bekommt auch die Landschaft ein neues Gesicht – und beides zusammen steht für die *naturalistische* Gesamttendenz des neuen Bildtypus. Tatsächlich sind unsere Begriffe von dem, was wir für *real*, *natürlich* oder *objektiv* halten, so sehr mit diesen Bildern verknüpft, dass die Beglaubigung der Realität eigentlich immer auf das zentralperspektivische Bild verweist – was bis heute noch gilt, wenn wir auf den Foto-

Ab 1250 Der Heilige Franziskus beginnt, die Szenen der Bibel nachzustellen. Mit den Passionsspielen des Mittelalters entwickelt sich ein theatralischer Sinn, der zu einer Wiederbelebung der dramatischen Kunst führt. Um die völlige Entfesselung der Imagination zu verhindern, grenzt man die Dauer derartiger Feste ein. Die höfischen Feste wiederum erzeugen ganz neue Kunstformen, wie das Ballett (das seit 1581 verbürgt ist) oder die Oper.

realismus der neuesten Computerspiele verweisen. Technisch besehen ist dieser Zusammenhang durchaus naheliegend. Das zentralperspektivische Bild war von Anbeginn immer auch eine Bildverarbeitungsmaschine. Nicht nur, dass man sich der *Camera obscura* bediente, darüber hinaus gab es andere tragbare Vorrichtungen dieser Art – und so standen die Landschaftsmaler bei hellstem Tageslicht im Dunkeln und kopierten, was ihnen das Licht auf die Projektionsfläche warf. Folglich wird die Zentralperspektive von denen, die sie erfassen, als etwas Künstliches aufgefasst: In diesem Sinn spricht Leon Battista Alberti, der erste Theoretiker der Zentralperspektive, davon, dass ein Bild aus lauter Punkten bestehe – so wie man heute sagen würde, dass sich ein Bild aus Pixeln zusammensetzt. Alberti rät den Malern ausdrücklich dazu, wenn sie Gold darstellen wollten, nicht Gold zu benutzen, sondern den Effekt mit Gelbtönen zu erzeugen. Insofern ist der Begriff, der sich für das perspektivische Bild eingebürgert hat, durchaus bezeichnend: *Trompe l'œil*, Augentäuschung. Und dieser Illusionismus ist so überwältigend, dass man das Gefühl haben kann, man befände sich in dem dargestellten Raum selbst.

Genau auf diese Simulationstechnik zielt der Prediger Savonarola ab, der gegen Ende des 15. Jahrhunderts (also zu

Ab 1270 Die Kartographie entwickelt sich und erlaubt den Europäern, immer größere Distanzen zu überbrücken.

der Zeit, da die großen Renaissancekünstler Michelangelo und Leonardo da Vinci wirkten) die Florentiner Bevölkerung zur Umkehr aufrief. Das Bild, so predigte er, ahme die Natur nach, aber es sei doch eine falsche, künstliche Natur, denn es fehle ihr die Lebendigkeit, der Atem Gottes. Wenn Savonarola die neuen Bilder als eine Art Teufelswerk, als eine Form der Genetik auffasst, bei der sich der Mensch an die Stelle Gottes setze, so ist dies ein Zeichen dafür, dass sich mit der neuen Perspektive ein neues Weltbild einbürgert. Kein Wunder also, dass sich die goldene Aureole, die über den Köpfen der Heiligen thront, wie ein Fremdkörper ausnimmt – selbst dort noch, wo man sie in die scheinbare Dreidimensionalität kippt. Der Horizont des Mittelalters, den die Menschen stets als *Vertikale* gedacht haben, als Maßstab der Gottesnähe oder der Gottesferne, wird gleichsam flachgelegt. Fortan sucht man nun in der Tiefe des Raums, in der Vorstellung eines wunderbaren Eldorado, die Erlösung. So hat ein Kulturhistoriker treffend bemerkt, dass die Renaissance *die Welt und den Menschen entdeckt* habe.

Nun betrifft dies nicht nur die Maler allein, sondern die mittelalterliche Gesellschaft insgesamt – denn mit dem Fluchtpunkt der Bilder entsteht die Sehnsucht, über den Horizont des Bekannten hinauszugehen. Und auch hier

Um 1360 Der Universalgelehrte Nicole Oresme entwirft in seinem *Traktat über die Geldabwertung* das Idealbild eines zentralperspektivischen Staates.

spielt die Zentralperspektive eine wesentliche Rolle, ist sie doch, als eine technische Form der Raumbeherrschung, die Grundlage für die sich schnell entfaltende Kartographie (und damit die Grundlage für die großen Entdecker, wie Kolumbus, Vasco da Gama oder Bartolomeu Diaz, die über den Horizont des Bekannten hinausstreben). In diesem Sinn bedeutet Zentralperspektive auch eine Herrschaftssprache. Noch im 18. Jahrhundert, als die Zentralperspektive so geläufig ist, dass sie schon als Plaisir für gelangweilte Damen der höheren Gesellschaft gelehrt wird, müssen finster dreinblickende Türken-Generäle nach Paris reisen, um sich in dieser Kunst der Raum-Beherrschung ausbilden zu lassen.

Nun stellt die Zentralperspektive nicht nur eine Frage der Bildtechnik dar, sondern ist, wie man unschwer sehen kann, auf das Innigste mit dem Politischen verknüpft: So sprechen auch unsere Politiker ja noch immer davon, dass sie Standpunkte einnehmen, Perspektiven entwerfen, Rahmenbedingungen festlegen etc. Auch diese Seite ist von Anbeginn mit der Zentralperspektive verknüpft. Erstaunlicherweise nämlich wird die Frage der Zentralperspektive im 14. Jahrhundert noch gar nicht als Bild-, sondern als *Geld*problem thematisiert, geht es hier darum, den Fürsten sozusagen zum ersten Diener des Gemeinwesens zu ma-

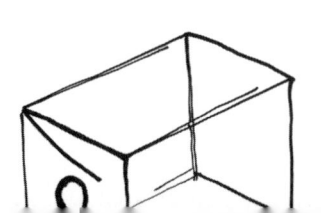

1421 Brunelleschi macht seine Versuche im Dom zu Florenz und entwickelt ein mathematisches Modell der Zentralperspektive.

chen – und durch die Gemeinschaft, die strahlenförmig auf ihn zuläuft, kontrollieren zu lassen (was sich zum Beispiel im Haushaltsveto des Parlaments niederschlägt). Insofern ist es durchaus kein Zufall, dass Ludwig XIV. seinen Hof in Versailles nach zentralperspektivischem Muster entwirft. Die Zentralperspektive bedeutet mithin, politisch, die Sprache der Macht und der Repräsentation. Mag der Sonnenkönig, als Punkt, auf den alle Achsen zulaufen, wähnen, dass er der verkörperte Staat sei (*l'état – c'est moi*), so ist es doch anderseits so, dass er den Fluchtpunkt eines gemeinschaftlichen Interesses darstellt.

Um 1500 Leonardo da Vinci bezeichnet in seinem *Buch über die Malerei* die Bildkunst als die Erstgeborene, die Musik als ihre kleinere Schwester. Dies macht den neuen Anspruch der Malerei deutlich, die im Mittelalter eine sehr viel geringere Bedeutung hatte.

Die Buchgesellschaft

Irgendwann in den vierziger Jahren des 15. Jahrhunderts konstruierte der Mainzer Drucker Johannes Gutenberg die Druckerpresse – und binnen eines halben Jahrhunderts explodierte im so genannten *gotischen Europa* (also überall dort, wo Kathedralen gebaut wurden und Universitäten entstanden) die Buchvervielfältigung. War im 14. Jahrhundert eine Bibliothek von 14 Bänden im ganzen Land bekannt (und nicht von ungefähr, denn der Preis für ein einzelnes Buch, das zudem reichhaltig bebildert war, entsprach etwa dem Jahresgehalt eines Arbeiters), so zirkulierten gegen Ende des 15. Jahrhunderts bereits über eine Million mechanisch gefertigter Bücher. Hat man, in der Fixierung auf den großen Einzelnen, die Erfindung des *Einzeltäters* Gutenberg hervorgehoben, so begreift man nun langsam, dass die Gutenbergsche Erfindung vielmehr der Kulminationspunkt einer langen Entwicklung ist. Die Anfänge dieser

1525 Albrecht Dürer veröffentlicht sein Buch *Underweysung der messung mit dem zirckel un richtscheyt*, die erste Zusammenfassung der mathematisch-geometrischen Verfahren der Zentralperspektive.

Entwicklung liegen im 12., 13. Jahrhundert, als in Europa – im Gefolge der Räderwerktechnik – überall Papiermühlen entstanden, in denen Lumpen zu feinstem Papier verwandelt wurden. Dies reduzierte die Kosten für die Verfertigung von Büchern ungemein, hatte man doch zuvor für die Herstellung eines einzigen Buches (das aus Pergament oder *vellum*, dem Bauchfell von Kälbern, bestand) ganze Herden opfern müssen. Die Entstehung der Universitäten tat ein übriges dazu. So erfand man das System der so genannten *pecia*, bei dem eine Handschrift nicht mehr als Ganzes von einem einzelnen Kopisten abgeschrieben, sondern in einzelne Abschnitte aufgeteilt an verschiedene Kopisten ausgegeben wurde. Auf diese Weise konnte der Prozess des handschriftlichen Kopierens erheblich beschleunigt werden. Weil auch der Bedarf an Schriftstücken entsprechend wuchs, begann man ab 1410, Bücher aus Holzschnitten zu drucken.

Tatsächlich stellt sich die Frage, worin eigentlich der besondere Beitrag Gutenbergs besteht. So ist die Presse, die er benutzt, in der Spindelpresse vorweggenommen. In gewisser Hinsicht weist die Aussage, dass Gutenberg den Druck mit beweglichen Lettern erfunden habe, in die richtige Richtung. Neben der Tatsache, dass er seine Bleitypen gleich groß gestaltete, sie also setzbar machte, war seine Neue-

1452–1545 Der Mainzer Johannes Gutenberg druckt seine Bibel. Das neue Verfahren ist gewöhnungsbedürftig, denn wie üblich schicken sich die Mönche an, jedes einzelne dieser Bücher auf Fehler zu überprüfen.

rung eine metallurgische: Er fertigte eine Patrize aus extrem hartem Stahl, von der wiederum (aus weicherem Stahl) spiegelverkehrte, vertiefte Matrizen gefertigt wurden. In diese Hohlformen wurde das flüssige Blei gegossen, das erkaltet die Bleitypen ergab. Dieses Verfahren war deswegen so erfolgreich, weil durch die mehrfach gestaffelte Reproduktion eine beliebige Anzahl von gleichförmigen Typen hergestellt werden konnte. Genau dies war ja die Grenze des Holzdrucks, dessen man sich zuvor bei größeren Auflagen bedient hatte: Je häufiger der Druckvorgang, desto schlechter wurde die Qualität der Vorlage. Es kam also zu dem, was man heutzutage in der technischen Reproduktion den *Generationsverlust* nennt. Demgegenüber erzeugten die ersetzbaren Bleitypen den Schein, dass das Zeichen gleichsam überirdisch war.

Die neue Technik von Matrix-Patrix-Typen war, wie den Zeitgenossen nicht unbemerkt blieb, nachgerade so etwas wie die Überwindung der technischen Erbsünde – und zudem entsprach sie der Vorstellung der unbefleckten Empfängnis. So ist keineswegs zufällig, dass das Bildmotiv, das die neue Buchtechnik feiert, jene biblische Szene ist, da der Engel erscheint und Maria verkündigt, dass sie einen Sohn gebären werde. Zwar weiß man aus der Geschichte des Dogmas, dass es hier um eine Ohrenbefruchtung geht

1483 Im Osmanischen Reich belegt der Sultan Bajesid II. die Nutzung mechanischer Druckereien mit der Todesstrafe.

(und häufig sieht man auf einem kleinen Strahl, der zum Ohr der Jungfrau führt, ein kleines Christuskind reiten), nichtsdestoweniger wird Maria häufig lesend abgebildet – wie überhaupt alle Anwesenden (die Engel, Putten etc.) ein Buch in der Hand halten. Will man also die Verwandlung zur *Buchgesellschaft* begreifen, so muss man sich nur diese Bilder anschauen.

Einer der sonderbaren Aspekte des Buchdrucks, der diese spirituelle Seite berührt, scheint in der Frage auf, warum sich der Buchdruck – trotz der Kenntnis des Verfahrens – in bestimmten Teilen der Welt nicht hat ausbreiten können. Für China ist der Druck mit beweglichen Lettern schon Jahrhunderte vor Gutenbergs Erfindung überliefert. Der Grund freilich, der dazu führte, dass in China dem mechanischen Drucken keine Zukunft beschieden war, lag in der Tatsache, dass das Papier kaiserlich kontingentiert war, das Wissen mithin unter der Kontrolle der Obrigkeit stand. Darüber hinaus war das chinesische Schriftsystem – mit seinen Abertausenden Zeichen – dem Druck mit beweglichen Lettern nicht gerade förderlich, hätten die Setzkästen doch voluminöse Ausmaße gehabt. Merkwürdiger als die chinesische Stockung ist deshalb die willentliche Vermeidung des mechanischen Drucks, wie sie sich in Russland, ja insgesamt in der Einflusssphäre des ehemaligen by-

Um 1500 Zu dieser Zeit gibt es bereits 250 Druckereien, die Europa mit gut einer Million gedruckter Bücher überschwemmen. Mit den Fortsetzungsromanen der Amadis-Serie entsteht eine neue Gattung der Literatur: der Trivialroman.

zantinischen Reiches artikulierte. Hier war es ein religiös motivierter Widerwille. So diskutierte man noch im Russland des 17. Jahrhunderts, ob es nicht eine Entheiligung der Bibel sei, dass neben ihr andere, weltliche Werke gedruckt würden. Auch in der arabischen Welt, die doch längst mit der europäischen Technik in Berührung gekommen war, herrschte ein tiefsitzender Widerwille. Das erste vollständig in arabischer Schrift gedruckte Buch war ein Gebetbuch, das 1514 produziert wurde – in Italien. Bis 1714 waren gerade 17 arabische Titel erschienen, in durchweg kleinen Auflagen. Erst in der Frühe des 19. Jahrhunderts erhielt Ägypten eine Druckerei.

Um 1550 Die Werkstatt des Antwerpener Buchdruckers Plantin, der das gebildete Europa mit Büchern versorgt, erwirbt das Renommée eines *achten Weltwunders*.

Das Individuum

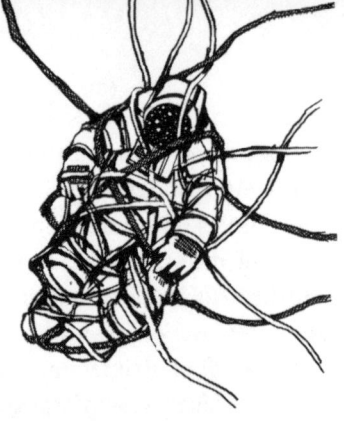

Wenn man glaubt, als Regenwurm wiedergeboren werden zu können, so ist die Vorstellung eines Individuums ziemlich widersinnig. Denn das Individuum soll, wie der Name sagt, jene letzte Instanz sein, die nicht weiter zu zerteilen ist. Hat auch der Regenwurm die Biologen nicht daran gehindert, das Einzelwesen kurzerhand zum Individuum zu erklären, so muss man doch sagen, dass sich das Individuum in der Geschichte keineswegs von selber versteht, sondern dass es sich erst am Ende einer langen und verwickelten Handlung herauslöst. Auf jeden Fall geht dem Einzelwesen das Gemeinschaftswesen voran – untersteht der Einzelne, bevor er seine Individualität entdeckt, den Gesetzen der Tradition und des Clans. Noch im Mittelalter, als die Menschen sich nach ihrem Vater Heinsohn, Johnson, Svensson und so weiter nannten, beschwerten sich die allerscharfsinnigsten Geister der Epoche darüber,

1336 Der Dichter Francesco Petrarca besteigt den Mont Ventoux, und ist der erste Mensch, der eine Bergbesteigung nur um ihrer selbst willen vornahm.

dass sie, wenn sie denn einen eigenständigen Gedanken formulieren wollten, dies einem *Alten Meister* in die Schuhe schieben mussten. Nun ist eine Tradition, die aus solchen Unterschiebungen besteht, schon eine merkwürdige Angelegenheit, kann man doch niemals sicher sein, ob der Alte Meister nicht eine Gedankentarnkappe, eine Brutstätte für ganz unerhörte Gedanken ist – aber das ist eine Geschichte, die uns in die genau entgegengesetzte Richtung führt. Denn die Frage, die sich mit dem Individuum stellt, lautet: Wie kommt es dazu, dass aus dem Idioten der Antike oder aus dem Eigenbrötler – der sein eigenes Brot backt – ein Ehrentitel wird? Was überhaupt ist ein Individuum?

Die Idee von der Erfindung des Individuums ist selbstverständlich eine nachgereichte Erfindung. Niemand wacht des Morgens auf und sagt: Hey, ich bin ein Individuum. Und selbst wenn, so bedürfte er doch der Zustimmung all der anderen. Kurzum, er müsste in einer *Kultur des Individuums* aufwachen, in der der Einzelne ein Recht darauf hat, sich einen eigenen Namen zu machen. Aber wozu befähigt ihn dieses Recht? Zuallererst wohl dazu, dass man mit diesem Namen einen Wechsel unterschreiben kann oder ein Bild signiert (wie dies der Maler Jan van Eyck als Erster im Jahre 1434 getan hat).

1346/47 Die Pest erreicht Europa – und mit ihr wird die Gesellschaft fragwürdig. Aus Furcht vor Ansteckung beginnt man zu privatisieren, errichtet Privataltäre etc. Der Gemeinsinn des Mittelalters weicht einer neuen Individualität.

Schaut man zurück, so beruht die Kultur des Individuums auf einer Art Entfesselungsakt. Dabei hat sich der Einzelne nicht nur den Gesetzen des Blutes und der Tradition zu entwinden, sondern muss auch zu jener Gedankenfreiheit gelangen, von der aus man auch das eigene Leben anschauen kann wie ein Bild. Diese Freiheit wiederum kommt nicht von selbst, sondern entspringt einem untergründigen Strom, der im Innern der Kultur anschwillt, bis er eines Tages mit unerhörter Gewalt hervorbricht. Wenn man sich angewöhnt hat, die Entdeckung des Individuums auf die Zeit der Renaissance zu datieren, so ist damit genau dieser Ausbruch gemeint. Vielleicht steht an der Quelle dieses Stroms die Verheißung des individuellen Seelenheils. Mögen die Priester anfänglich darüber diskutieren, ob Frauen überhaupt eine Seele besitzen, so kommt man doch schließlich dazu, die Unsterblichkeit und Individualität der Seele zu verkünden. Bezieht sich der Individualismus der Christen zunächst auf die göttliche Buchführung, so hat er doch auch eine ganz praktische, ja geradezu politische Seite. War es in der Polis üblich, dass eine just verwitwete Frau sozusagen als Gemeinschaftssache betrachtet wurde und folglich in die Hände ihres Schwagers überging, so konnte sie im Christentum, wenn sie denn behauptete, von nun an in schöner Weltentsagung leben zu wollen, zumindest ihren

1380 Die Porträtmalerei gewinnt immer größeren Raum. Dabei ist die Entwicklung des Bildtypus von Anbeginn gezeichnet durch das Halbbrustbild vor tiefer, imaginärer Landschaft. Das bekannteste Beispiel: die *Mona Lisa*.

Witwenstand in Ruhe genießen. Dieser Individualismus war der Antike, in der der Corpsgeist in höchstem Ansehen stand, zutiefst suspekt – und aus diesem Grunde, ihres Individualismus wegen, wurden die Christen in Rom als Staatsfeinde betrachtet und verfolgt.

Insofern ist das Individuum vielleicht präzise erfasst, wenn man es sich als eine Art Astronaut denkt, der sich aus allen Banden hinauskatapultiert: aus den Banden der Natur, der Gesellschaft, aus den Fesseln der Religion. Genau diese Entfesselungslogik lässt sich an der Geschichte eines einzelnen Wortes studieren: der *virtù* (von der wir unsere virtuellen Realitäten ableiten). Das Wort geht auf die mittelalterlichen *virtutes* zurück – die 7 Kardinaltugenden: die vier antiken Tugenden (Klugheit, Gerechtigkeit, Tapferkeit und Mäßigung) und die drei christlichen (Glaube, Liebe, Hoffnung). Aber die ursprüngliche Bedeutung des Wortes liegt im lateinischen *vir*, das heißt: Mann. Man sieht also, wie aus dem Soldatenideal die christliche Tugend wird und wie diese sich sozusagen privatisiert. Die *virtù* hat keine soziale Bindekraft mehr, sondern dient der Verherrlichung eines Einzelwesens. Dieser Linie folgend, verwandelt sie sich zur *Virtuosität*, zur Hochschätzung der seltenen Blüten, der Kunst. Freilich gilt dies auch für das Leben. Denn die Virtuosen, die ihre persönlichen Talente in noch nie da gewesene Höhen

Ab 1600 Dass die Individuum-Vorstellung eine Pflichtveranstaltung ist, wird deutlich an der Geschichte ihres dunklen Spiegelbildes: des Wahnsinns. Kannte jedes mittelalterliche Dorf noch seinen Verrückten, kommt es nach 1600 zu einer allmählichen Kasernierung der Wahnsinnigen. Wo ehedem die Leprakranken eingepfercht wurden, findet man nun die für wahnsinnig Erklärten.

hinaufschrauben, sind zu den Leitbildern der Neuzeit geworden – den Sternen, an denen sich die Gesellschaft ausrichtet. Insofern ist die Kultur des Individuums die Zeit der Entdecker und Erfinder, eine dynamische und unternehmungslustige Welt, die ihr Heil in der Überschreitung des Horizonts, in einer *neuen Welt* sucht. Wenn der Conquistador Cortez, auf dem amerikanischen Kontinent angelangt, seine Schiffe verbrennen lässt, so kann man in diesem Akt eine Metapher für jenes rastlose Vorwärts sehen, mit dem die Europäer den Rest der Welt heimgesucht haben.

In dem Maße allerdings, in dem sich das Seelenheil demokratisiert, wird die Individualität zum Gemeinplatz. Mag sein, dass das damit zu tun hat, dass das Nicht-Ich, das Andere, das Fremde – als *Fernsehen* – nun stärker in das Blickfeld rückt, auf jeden Fall leben wir in einer Gesellschaft, in der die Individualität zur ersten Bürgerpflicht geworden ist. Folglich denken die Virtuosen des Nichts unablässig darüber nach, wie sie ihr Profil schärfen und ihre Alleinstellungsmerkmale ausprägen können. Am präzisesten hat diese Paradoxie vielleicht jener Komiker erfasst, der sagte, dass er doch niemals einem Club beitreten würde, der Leute wie ihn als Mitglied aufnähme.

Aber vielleicht kann man diese Geschichte auch ganz anders erzählen. Da ist zum Beispiel ein Professor, der sich an-

1714 Der Philosoph G. W. Leibniz schreibt eine titellose Abhandlung über die Monaden: als den letzten Einheiten, aus denen die Weltsubstanz bestehe. Die Monade ist mithin das Idealbild des Individuums.

sonsten mit abgelegenen Dingen beschäftigt, mit der Frage zum Beispiel, warum man im Mittelalter sogar Tieren den Prozess gemacht und ein Schwein für eine Kindstötung am Galgen aufgehängt hat. Aber an diesem Tag, vielleicht um sich zu erholen, geht der Herr Professor in den Zoo und sieht, wie da eine ganze Horde von Menschen um den Affenkäfig herumsteht, und als er noch näher kommt, entdeckt er, dass die Menschen zwei Affen bei der Kopulation zuschauen. Es herrscht ein andächtiges Schweigen. Wie in der Kirche, denkt der Professor – und weil ihm die Situation so grotesk vorkommt (wobei das weniger an den kopulierenden Affen als an der allgemeinen Kopulationsandacht liegt), kann er nicht anders, sondern bricht in ein unbändiges Gelächter aus. Worauf sich die Umstehenden indigniert umschauen und ihm sein Vordermann ein böses »Sie Schwein!« ins Gesicht zischt.

Die Null

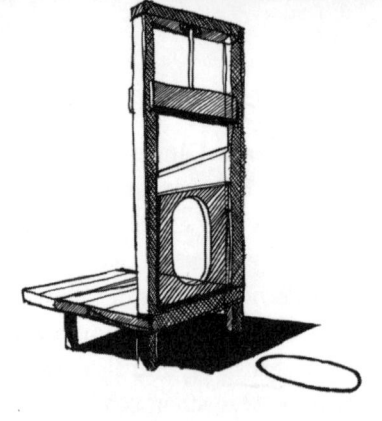

Wenn man in der Schule Eines lernt, so, dass es Fragen gibt, die man nicht stellen darf, zum Beispiel, warum man nicht durch die Null teilen darf. Es ist verboten – und damit basta. Aber da dieses Buch sich gerade solchen verbotenen Fragen verschrieben hat, darf auch die Null nicht fehlen – umso weniger, als sie nicht nur der Eckpfeiler unseres mathematischen Systems, sondern der Nullpunkt auch eines neuen geistigen Koordinatensystems geworden ist. Wie es dazu kommen konnte, ist freilich, wie so oft, eine verwickelte Geschichte, eine Geschichte vor allem, bei der sich die Bedeutung der Zahl immerfort wandelt. Natürlich haben die Menschen, wenn sie rechneten, schon immer gewusst, dass, wenn man beispielsweise drei von drei subtrahiert, nichts übrig bleibt. Freilich: Wenn ein alter Grieche seinem Kind diese Frage stellte, so war die Antwort nicht, dass das Ergebnis Null ist, sondern vielmehr ein vielsagendes *Du*

10. Jh. Die arabischen Zahlen, die die Null als Zehnerpotenz nutzen, gelangen nach Europa.

weißt schon. Mag der Umstand, dass es für die Null kein Wort gibt, kein Hindernis für die Subtraktion sein, so verhindert die Begriffslosigkeit doch, dass ein größenwahnsinniger Schüler auf den Gedanken kommt, eine Zahl durch Null dividieren zu wollen. Im übrigen benutzten die Griechen, wenn sie rechneten, gar keine Ziffern, sondern die alphabetischen Buchstaben – A war 1, B war 2 etc.
Die Geburtsstunde der Null, wie unseres Dezimalsystems, lag in einem ganz anderen Teil der Welt. Im Indien des dritten Jahrhunderts v. Chr. begann man, mit den Punkten, die man einer Zahl hintanstellte, die Zehnerpotenzen zu bezeichnen. Diese Punkte trugen das Wort, das die Inder für den leeren Raum, für den Himmel oder den Äther benutzten. Erlaubte die Einbeziehung des leeren Raums, dass man mit großen Zahlen operieren konnte, so war die Null doch noch keine Zahl, die auf der gleichen Ebene lag wie die anderen Zahlen. Dies kam erst viele Jahrhunderte später auf, als man sich zu fragen begann, was es bedeutet, wenn man einer Zahl Null hinzuaddiert. Aber auch die daraus folgende Erkenntnis, dass es keinen Unterschied macht, hat noch nichts gemein mit dem Bild, das wir vor Augen haben, wenn wir einen Zahlenstrahl denken, bei dem links von der Null die negativen, rechts die positiven Zahlen stehen. Dieses Zahlenkontinuum, das uns im Bild des Koordi-

1202 Der Mathematiker Fibonacci gibt in seinem *Buch vom Abakus* (*Liber abaci*, 1202) die erste systematische Darstellung des arabischen Zahlensystems. Hier reagiert er auch schon auf das entstehende Geldwesen, denn ein Teil des Buches ist Wechselkurs- ...

natensystems gegenübertritt, hat mit der letzten und großartigen Metamorphose der Null zu tun.

In dieser Metamorphose verwandelt sich der Äther, die *heiße Luft*, zu einem energetischen Prinzip, ja zu einem Motor. Geben wir ein Beispiel. Wenn man im Mittelalter zwei nicht teilbare Werte zueinander ins Verhältnis setzen wollte, konnte man noch nicht behaupten: 2 : 4 = 0.5, sondern man konnte lediglich sagen, dass sich 2:4 wie 3:6 oder 5:10 verhält. In der Division herrschte, was man das Gesetz der Analogie nennen könnte – und was keinesfalls auf die Mathematik allein bezogen, sondern so etwas wie eine Welthaltung war. Gleiches wird mit Gleichem behandelt, folglich versucht man, eine Entzündung mit einem Brennnesseltee zu kurieren. Weil Mikrokosmos und Makrokosmos einander entsprechen, kommt niemand auf den Gedanken, das Verhältnis von A zu B durch ein Drittes, das *tertium comparationis* aufzulösen. Ganz langsam aber setzt sich der Gedanke durch, dass es hilfreich sein könnte, dies zu tun. Denn wenn man in Ermangelung absoluter Maßstäbe genötigt ist, jedes Mal aufs Neue Maß zu nehmen, führt die Einführung der Null eine neue, absolute Größe ins Spiel. Nehmen wir ein Dreieck zum Beispiel. Vergrößert man seine Seiten, pumpt sozusagen die Größe dieser Figur gleichmäßig auf, so werden die Seiten zwar länger,

... und Zinsberechnungen vorbehalten. Gleichwohl wird den venezianischen Bankiers noch 1299 der Umgang mit den arabischen Ziffern verboten, dieser setzt sich erst im 14. Jahrhundert (mit der Verbreitung des Wucherwesens) durch.

aber die allgemeine Form des Dreiecks bleibt doch dieselbe. Die vor Augen, schreibt der Philosoph Nikolaus von Kues im 15. Jahrhundert einen merkwürdigen Text, bei dem es darum geht, dass man den Blick überhaupt vom sichtbaren Körper abziehen und diesen Körper als Erscheinungsform einer Zahl auffassen müsse. Man möge, so der Denker, sich doch bitte den Radius eines Kreises unendlich denken, dann hätte man eine Gerade vor sich – und diese Gerade wiederum könne man in eine Zahl übersetzen. In der Tat lässt sich jedes Dreieck ja auf seine Sinus- und Kosinus-Werte reduzieren. Habe ich diese Werte (die allesamt zwischen der 0 und der 1 oszillieren), so verfüge ich gleichsam über eine Maschine, die alle erdenklichen Dreiecke produzieren kann. Damit aber wird die Null produktiv, verwandelt sich der Äther, die heiße Luft der Antike, zu einer Maschine.

Genau diese produktive Kraft, mit der man über eine Vielzahl von Körpern herrschen kann, lässt die althergebrachten Widerstände gegen die Null verblassen. Und derer gibt es genug. Denn natürlich ist es sonderbar, ja unheimlich geradezu, wenn eine Größe, die man mit der Null multipliziert, plötzlich nichts ergibt. Das wäre, als ob ein sichtbarer Körper, von irgendeiner überirdischen Kraft affiziert, sich urplötzlich in Nichts auflöste. Aber wenn wir derlei

Um 1360 Die Mathematiker des Mittelalters (Nicole Oresme insbesondere) beginnen, nach dem Repräsentanten zu fahnden, der die Proportion A : B nicht wieder in eine neue Proportion, sondern in ein Drittes auflöst. Und dies, obwohl die Null bei vielen Theologen noch als Teufelswerk gilt.

nicht mehr als Problem wahrnehmen, so deswegen, weil wir, wenn wir von Zahlen sprechen, nicht mehr von natürlichen Zahlen sprechen, sondern bereits in einem hochabstrakten Koordinatensystem stecken, bei dem der Gedanke, dass jeder Zahl eine natürliche Größe entspricht, schon nicht mehr vorherrschend ist. Dieses Koordinatensystem heißt nach seinem Urheber das cartesianische, und wirklich lässt sich René Descartes als eine verkörperte, nein besser, als geistgewordene philosophische Null auffassen. In seinen *Meditationen* beispielsweise lässt er sich auf ein Gedankenexperiment ein. Und zwar stellt er sich vor, er könne sich seiner Existenz nicht sicher sein, weder dass er Arme, Beine noch überhaupt einen Körper habe. Mag dem denkenden Wesen alles unsicher sein, so ist doch die Möglichkeit, dass er dies denken, ja, die eigene Existenz bezweifeln kann, doch wiederum eine Gewissheit. Und so bringt es Descartes fertig, ausgerechnet den Zweifel an der körperlichen Welt zum Existenzbeweis umzudeuten. Wenn das *Ding, das denkt*, daraus die Schlussfolgerung seiner Existenz ableitet – *cogito, ergo sum*, *Ich denke, also bin ich* –, so ist das genauso, als ob man vom absoluten Nullpunkt aus die Welt der Zahlen betrachtet.

Hat man dies vor Augen, so versteht man, warum es dem Schüler untersagt ist, durch die Null dividieren zu wollen.

1641 René Descartes schreibt seine ersten *Meditationen* über die Philosophie. In seinem Koordinatensystem (das freilich erst nach seinem Tod ausgearbeitet wird) erscheint die Null als Ursprung.

Es wäre eine Vergewaltigung des Permanenzprinzips, oder einfacher gesagt: Es bedeutet, dass man den Grundpfeiler unseres mathematischen Zahlenraums zerstören würde. In diesem Sinn ist die Null keine Zahl, sondern im Grunde eine Haltung zur Welt (ebenso wie das Tabu, das die Null ehedem als Teufelszahl abqualifizierte). So wie der mathematische Repräsentant 0.5 für alle 1:2-Verhältnisse steht, so ist die Null der Repräsentant einer Welthaltung, die zutiefst mit der Herrschaft der Zentralperspektive zusammengeht. Die Null und die Eins, so hat der Mathematiker Erwin Schrödinger einmal gesagt, seien die Königszahlen der Mathematik. Vielleicht schreiben wir der Null nicht gerade das Gottesgnadentum zu, aber wenn wir sie mit einer Aura der Unberührbarkeit versehen, beweist dies, dass sie uns ebenso unheimlich ist wie der Henker, der ja für die andere, böse Seite des Gottesgnadentums steht. Und tatsächlich: Kaum dass die französische Revolution den Kopf des Königs gefordert hat, kündigt sich auch in der Mathematik eine Rebellion gegen die Herrschaft des Repräsentanten an.

1706 Erstmals erscheint die Kreiszahl Pi in dem Buch *Synopsis palmariorum matheosos* des Walisers William Jones.

Die Politik

An der Schwelle zu jener neuen Zeit, die wir heute als *Renaissance* bezeichnen (womit die Wiedergeburt des antiken Denkens gemeint ist), verwandeln sich die christlichen Kardinaltugenden (die *virtutes*) in eine Macht, die nicht mehr mit einer bestimmten Tugend assoziiert wird, sondern die darin besteht, den Eindruck der Tugend zu erwecken. Genau diese Verschiebung kündigt sich in einem Werk an, das der junge Philosoph Pico della Mirandola im Jahr 1486 verfasst – und das nach seinem frühen Tod (er stirbt mit 31 Jahren) unter dem Titel *Die Würde des Menschen* veröffentlicht wird. Wenn dieses Buch zum Fanal jener Geistesrichtung wird, die man als *Humanismus* bezeichnet, so ist man natürlich neugierig zu erfahren, wie der Philosoph die Würde des Menschen begründet. Ist man darauf gefasst, hier auf hochtönende Begriffe zu stoßen, so wird man bitter enttäuscht, denn Pico sieht die Würde

Ab dem 14. Jh. Die Entstehung der Diplomatie: Mailand ist der erste Hof, der Vertretungen in andere Staaten entsendet, will jedoch selbst (aus Furcht vor Spionage) keine Botschaften anderer Staaten akzeptieren. Ab 1480 entstehen bilaterale Verbindungen, das Botschaftswesen setzt sich erst mit dem 17. Jdht. als politische Selbstverständlichkeit durch.

des Menschen in seiner Wandel- und Anpassungsfähigkeit: »Wer sollte so ein Chamäleon nicht bewundern?« Wie aber kommt es zu diesem Loblied der menschlichen Chamäleonsnatur, ja dazu, dass die Zeit im Virtuosen der Täuschung ihr eigenes Idealbild entdeckt? Um dies zu verstehen, muss man sich den Zustand der gesellschaftlichen Erosion vor Augen halten, dem das Spätmittelalter unterliegt.

Mit der Pest von 1347, die fast ein Drittel der europäischen Bevölkerung dahinrafft, werden die Fundamente des christlichen Abendlandes brüchig. Überall kommt es zu Volksaufständen und Territorialkriegen. Es ist unübersehbar, dass der christliche Universalismus mit seinem Latein am Ende ist. Aber wo sich das Gemeinwesen nicht mehr von selber versteht, ist klar, dass man über Politik nachdenken muss – über Mittel und Wege, wie zumindest so etwas wie ein Minimum an gesellschaftlicher Ordnung aufrechtzuerhalten ist. Dies ist umso dringlicher, als mit den allgemeinen Missständen Söldner und Populisten die Bühne betreten, Entführungen und politische Morde zum Teil des Tagesgeschäfts werden. In diesem Klima allgemeinen Misstrauens und gegenseitiger Verdächtigung hilft die Politik des Gutmenschentums nicht weiter, so wenig wie man die Händler mit dem Hinweis auf gerechte Preise (die *prezzi christiani*)

1513 Nach dem Verlust aller seiner Ämter veröffentlicht Machiavelli sein Werk *Il principe* (*Der Fürst*), das auf die hergebrachten Fürstenratgeber zurückgeht, in dem Machiavelli aber gänzlich neue und unerhörte politische Prinzipien formuliert. Vieles davon ist von der Gestalt des Cesare Borgia inspiriert, jenes Renaissancefürsten, der Florenz beeinflusste, aber nicht davor zurückschreckte, seinen eigenen Bruder ermorden zu lassen.

zu einer Zügelung ihres Appetits bewegen kann. Aber worin besteht eine gute, erfolgreiche Politik?
Genau diese Frage ist es, der Niccolò Machiavelli (1469 bis 1527) nachgeht. Wenn sein Denken als Synonym für Zynismus und skrupellosesten Machtwillen gilt, so ist dem Manne selbst, der vor allem seiner Heimatstadt Florenz dienen wollte, durchaus Unrecht getan. Denn Machiavellis Denken siedelt sich in jenem Zwiespalt an, der nicht nur für ihn, sondern für seine Zeit typisch ist: nämlich dass die Art, wie man lebt, nichts mit dem zu tun hat, wie man leben sollte. Und während die Philosophen sich an den Thesen des Pico della Mirandola ergötzen, stehen die christlichen *virtutes* noch immer hoch im Kurs, ist jeder bemüht, seine eigene Niedertracht unter einem angenehmen Äußeren zu verbergen. Und in Anbetracht dieser allgemeinen Maskerade (»jeder sieht, was du scheinst, wenige fühlen, was du bist«) schlägt sich Niccolò Machiavelli auf die Seite der Realpolitik, fragt er sich, was ein Herrscher denn tun müsse, um sich mit seinen (notwendigerweise undankbaren, wankelmütigen und opportunistischen) Untertanen gutzustellen und seine Herrschaft zu bewahren. Dabei ist eine gewisse moralische Flexibilität (man könnte auch sagen: Charakterlosigkeit) durchaus nicht von Nachteil: »Einem Fürsten tut es nicht not, alle obigen [*guten*] Eigenschaf-

ten zu besitzen, wohl aber tut not, dass er scheine, sie zu besitzen.«

Politik ist die Kunst der Täuschung, und für Machiavelli kommt es vor allem darauf an, dieses Spiel so intelligent wie möglich zu spielen. In diesem Sinne kritisiert er die Nachgiebigkeit eines Herrschers, der damit ein größeres Chaos heraufbeschwört, als ein entschiedenes, gewaltsames Eingreifen zur Folge gehabt hätte. Nicht an den Absichten, sondern an den Konsequenzen des eigenen Handelns wird man gemessen. So besehen ist die Lehre dieses alten Taktikers, den man zeitweilig einer Verschwörung verdächtigte, den man folterte und in die Verbannung schickte, nichts weiter als – Realpolitik. Machiavellis Realitätssinn gründet in einem tiefen Pessimismus, der auch in der Friedensordnung nichts anderes sehen kann als einen nur nicht erklärten, verborgenen Krieg. Folglich behauptet er, »dass es zwei Arten des Kampfes gibt, die eine durch die Gesetze, die andere durch die Gewalt«. Hat man die Wahl zwischen diesen beiden Ordnungen, so würde Machiavelli stets die erstere vorziehen, nicht aus moralischen Gründen, sondern weil sie die klügere und einem Virtuosen der Täuschung angemessenere ist. Noch im Sterben, so will es eine Anekdote, hat Machiavelli die Haltung des Realpolitikers bewahrt. Denn auf die Aufforderung, dass jetzt der

1516 Thomas Morus malt in seiner *Utopia* ein ideales Gemeinwesen aus. Dieses kontrastiert gründlich mit seinen Erfahrungen. Ist er als geschickter Diplomat König Heinrichs VIII. bei dessen Streitigkeiten mit dem Papst behilflich, mag er dem König, als dieser sich an die Spitze der anglikanischen Kirche ...

Augenblick gekommen sei, den Teufel und all seine Werke zu verfluchen, soll er die diplomatische Antwort gegeben haben: »Dies ist nicht der Zeitpunkt, sich Feinde zu machen.«

… setzen will, nicht mehr folgen – was er mit dem Tod bezahlen musste. Auf dem Schafott soll er den Henker gebeten haben, seinen Bart nicht zu stutzen – dieser haben schließlich keinen Hochverrat begangen.

Der Staat

Will man es kurzfassen, könnte man sagen, dass ein Staat jenes Gebilde ist, das eine eigene Währung besitzt, seine männlichen Untertanen dem Wehrdienst unterwirft und von jedem Bürger eine Steuer eintreibt. Darüber hinaus ist der Staat auch auf der Landkarte verzeichnet, hat eine Nationalmannschaft – und wenn sie spielt, ist es so still wie in meiner Kindheit, als die deutsche Fußballmannschaft in Wembley spielte und man in den menschenleeren Straßen nur die bläulichen Fernsehschirme in den Wohnungen hat sehen können. Natürlich hat ein Staat auch eine Nationalhymne, und wird sie gespielt, kann es passieren, dass auch der gemeine Fernsehzuschauer sich erhebt und in jenen imaginären Chor einstimmt, von dem nur die heimischen Sitzmöbel einen Widerhall geben; aber dann ist da dieser Schrei aus tausend Wohnzimmern, der auf die Straße hinaus dringt, und man weiß, dieses Gespenst gibt es wirklich!

13./14. Jahrhundert Überall in Europa entstehen Nationalmonarchien. Die Landessprachen ersetzen das Latein als Sprache der Gebildeten. Zugleich aber wird das auf persönliche Treuepflicht gegründete Feudalsystem ausgehöhlt, geraten die entstehenden Reiche in Finanzierungsnöte.

Diese Charakterisierung hat mit den vorneuzeitlichen Gebilden, die wir gleichfalls *Staat* zu nennen uns angewöhnt haben, wenig zu tun. Wie zum Beispiel kann man unseren Staat mit einem mittelalterlichen Gebilde vergleichen, dessen Ausrichtung von der Heiratspolitik seines Herrscherhauses abhängt? Was sind das für Staaten, die keine Amtssprache, keine allgemeinen Gesetze, ja nicht einmal eine ordentliche Regierung besitzen? Und lohnt es sich wirklich, diese kleinen mittelalterlichen Klitschen von wenigen tausend Einwohnern als Staaten zu bezeichnen? Zu guter Letzt: Wie lässt sich Staat machen, wenn die Religion noch einen so bedeutsamen Einfluss hat, dass der König sich dem Papst beugen muss? Vielleicht erhalten wir das präziseste Bild der *Künstlichkeit* unserer Staaten, wenn wir auf eine afrikanische Landkarte schauen und jene abstrakten Gebilde in den Blick nehmen, die ein Lineal hier eingeschrieben hat – all der Menschen zum Trotz, die mit diesem Federstrich getrennt oder, je nachdem, in eine Gemeinschaft gepfercht wurden, die nicht die ihre war, sondern zum Beispiel nach einem Kaufmann mit Cäsarenwahn (Cecil Rhodes) *Rhodesien* getauft wurde.

Tatsächlich entstand der Wunsch nach einem Staat erst relativ spät, etwa am Ende des Mittelalters, als die Menschen dazu übergegangen waren, die Bibel in ihrer eigenen Lan-

1576 Der französische Denker Jean Bodin, der zudem als Erster die Bedeutung der Steuer erkannt hat, führt den Souveränitätsbegriff in die Politische Philosophie ein.

dessprache zu lesen, als die Druckerpressen die Landessprachen so weit vereinheitlicht hatten, dass sich die Unterschiede zwischen den ehedem unterschiedlichen Sprachen auf Dialektunterschiede eingeebnet hatten. So wurde der Languedoc sozusagen französisiert, das Alemannische eingedeutscht. Aber auch diese allmähliche Angleichung konnte die neu aufbrechenden tiefen Gegensätze, die sich mit den Glaubensunterschieden auftaten, zunächst nicht überbrücken, allzu neu und ungewohnt war der Gedanke, eine Nationalmonarchie von zwanzig Millionen Einwohnern zu *einem* Gebilde zusammenzuschweißen. Und so liest sich die Theorie des ersten Staatstheoretikers von Rang vor allem als ein Wunschgedanke. Wenn Jean Bodin (1529 bis 1596) davon redet, dass es dem Souverän freistehen müsse, »die Entscheidung über Krieg und Frieden zu treffen, das letzte Urteil zu fällen, die Beamten zu ernennen«, wenn er des Weiteren ein Besteuerungs- und ein Münzrecht haben sollte und von seinen Vasallen den Treueid verlangen könne, so hat dies mit der Realität wenig zu tun. Denn überall ist die Macht so umkämpft wie zersplittert – und sie bricht sich vor allem an der Frage der Religion.

Tatsächlich ist der Gründungsakt des neuzeitlichen Staates ein Moment historischer Kälte, die Entdeckung nämlich, dass das Fundament die Staatsraison ist. Nimmt man die-

1618–1648 Der Dreißigjährige Krieg. Zwar geht es hier vordergründig um Religionsgegensätze, in Wahrheit aber um Macht. Schließlich entdecken die Kriegsherren, dass ihr Handwerk wiederum selbst einträglich sein kann, entsteht also so etwas wie eine Ökonomie der Zerstörung (»Der Krieg ernährt den Krieg«).

sen Gründungsakt ins Visier, wird man unweigerlich auf Thomas Hobbes und seinen *Leviathan* verwiesen. Und wenn man einen Geschichtskundigen befragt, wird er darüber aufklären, dass der Leviathan eigentlich ein biblisches Ungeheuer ist. Nun hat aber Thomas Hobbes nicht ein, sondern gleich zwei Gedankenungeheuer in die Welt entlassen, neben dem *Leviathan* auch den *Behemoth*. Treten diese beiden im Buch Hiob als Krokodil und Nilpferd in Erscheinung, so haben sie bei Hobbes, der allen Mythen abhold ist, eine übertragene Bedeutung. Warum aber greift Hobbes überhaupt auf derlei Ungeheuer zurück? Darauf bietet der Buchumschlag des *Leviathan* eine Antwort. Dort sieht man einen König, mit Szepter und Schwert, aber wenn das Auge näher heranrückt, entdeckt man, dass dieser Herrscher wiederum aus lauter Einzelwesen besteht. Oder wie Hobbes sagt: der Leviathan ist ein »künstlicher Mensch«, nicht minder künstlich und unwahrscheinlich als das, was wir heutzutage *Künstliche Intelligenz* nennen. Hat man dies vor Augen, begreift man die Zuordnung, die Hobbes seinen beiden Ungeheuern angedeihen lässt. Steht der Behemoth für den Bürgerkrieg, für die Gesellschaft im Zustand der Selbstauflösung, so soll der Leviathan die ordnende, gemeinschaftsbildende Kraft repräsentieren. Diese Kraft, die die Menschen zu einem »künstlichen Menschen«

1644 Oliver Cromwells *New Model Army*, die im englischen Bürgerkrieg gegen die Truppen des Königs antritt, ist die erste uniformierte, moderne Armee.

vereint, hat die Gestalt eines Räderwerks, bei dem die einzelnen Triebkräfte miteinander verzahnt und in einer Gesamtbewegung koordiniert sind. Nur wenn dem Leviathan das Gewaltmonopol zugesprochen wird, wird die Gewaltentfaltung des Einzelnen gehemmt. So besehen lässt sich der Leviathan als ungeheure Staatsmaschine auffassen, als das, was wir mit einem höchst unscharfen Begriff das *System* nennen.

Hat das System in unserer Sprechweise einen dunklen Beiklang, so ist es für Hobbes so etwas wie ein Traumzustand – und dies (ruft man sich seine Lebensumwelt ins Gedächtnis) nicht von ungefähr. Denn die erste Hälfte des 17. Jahrhunderts ist gekennzeichnet durch einen zivilisatorischen Rückfall ersten Ranges. Auf dem Kontinent herrscht der Dreißigjährige Krieg (1618 bis 1648), aber auch das Inselreich versinkt im Bürgerkrieg. Überall herrscht der Behemoth. Das Empörendste aber ist, dass sich die diesseitigen Machtinteressen unter dem Mäntelchen der Religion maskieren. So versammelt der Revolutionär Oliver Cromwell, der den König im Namen des Königs hinrichten lässt, seine Armee auf freiem Feld und lässt sie ganze drei Tage lang beten. Und als dann die Eingebung Gottes kommt, verspricht Cromwell seinen Anhängern, dass er sie aus der Finsternis herausführen werde, wie dereinst Mose sein Volk aus Ägyp-

1661 Der 22-jährige Louis XIV. – der spätere *Sonnenkönig* – kündigt an, dass er fortan als absolutistischer Herrscher regieren werde. Über die Verführungsarchitektur von Versailles gelingt es ihm, den konkurrierenden Adel an seinen Hof zu holen.

ten. Für Hobbes, der all dies in seiner Chronik des englischen Bürgerkriegs, dem *Behemoth* festhält, sind die Religion und die Spitzfindigkeiten der Scholasten die Wurzel allen Übels. Folglich besteht sein Hauptinteresse darin, dieser unheiligen Allianz von Religion und Machtpolitik ein Ende zu bereiten. Wie aber lässt sich dies bewerkstelligen? Nur dadurch, dass der Staat selbst zu einer sterblichen Gottheit, zu einem *Mortal God* wird – und dass man der Religion die Waffe der Politik aus den Händen nimmt.

1690 Nachdem der absolute Souverän wie ein Axiom vorausgesetzt werden kann, geht das Hauptaugenmerk dahin, dieses Monster zu zähmen. John Locke spricht sich in seinen *Zwei Abhandlungen über die Regierung* für eine Gewaltenteilung aus, die Montesquieu in seinem *Geist der Gesetze* (1748) noch weiter raffiniert.

Die Zentralbank

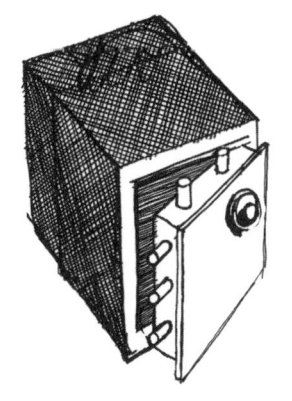

Das Geld in der Moderne, so hat ein kluger Ökonom einmal bemerkt, sei ein »knapp gehaltenes Nichts«. Wie aber kann man ein Geheimnis, hinter dem nichts steckt, zu einem Pfeiler der Gesellschaft machen? Man gründet eine Bank, nein besser, man gründet eine Zentralbank – und gibt ihr als vornehmste Aufgabe mit auf den Weg, den Schein aufrechtzuerhalten. So besehen wäre die Zentralbank am treffendsten als ein Institut zur Wahrung der Nichtswürdigkeit bezeichnet – eine trickreiche Erfindung, deren Gründung sich keineswegs von selber versteht.

Wenn es heutzutage quasi als Naturgesetz gilt, dass das Geld in die Uniform eines Landes gesteckt wird, so war dies zu Anfang jenes Jahrhunderts, dessen Ende die erste Zentralbank sehen sollte, noch keineswegs der Fall. Ganz im Gegenteil: Das frühe 17. Jahrhundert gilt den Historikern als düsterste Katastrophenzeit – was sich in der schönen Be-

Um 1200 Die italienischen Bankiers (*banciere*) wurden deshalb so benannt, weil sie bei gutem Wetter ihre Bänke auf die Straße holten und ihren Wechselgeschäften im Freien nachgingen.

zeichnung *Kipper- und Wipperzeit* niedergeschlagen hat. Tatsächlich war die Situation so unüberschaubar wie desolat. In einem begrenzten Terrain wie den Generalstaaten beispielsweise (also dem Gebiet der heutigen Niederlande) kursierten insgesamt 36 verschiedene Münzsysteme – und diese verschiedenen Währungen wetteiferten darin, einander an Schlechtigkeit zu unterbieten. Auch anderswo war es nicht besser. Dabei ist der Grund für diese Münzverschlechterung leicht zu bestimmen. Das mittelalterliche Münzregal, also das königliche Vorrecht auf die Münzprägung, war zu einem Handelstitel geworden, der verpachtet und weiterverpachtet werden durfte. Jeder Depp konnte dieses Vorrecht erwerben, sich einen Teil davon abschneiden und es dann einem anderen Deppen weiterveräußern. Hatten sich schon die mittelalterlichen Fürsten als Münzfälscher betätigt, so vervielfachte die Privatisierung des Geldmarktes die Geldkatastrophe – und bestätigte, was der Ökonom Gresham schon ein Jahrhundert zuvor beobachtet hatte (und was seither als Greshams Gesetz bezeichnet wird): die Tatsache nämlich, dass schlechtes Geld das gute verdrängt. Die Psychologie dieses Gesetzes kann jedes Kind nachfühlen. Denn besitzt man eine hochwertige Goldmünze, so hortet man diese, während man umgekehrt versucht ist, das minderwertige Geldstück in Umlauf zu bringen –

Um 1250 Der Templerorden, als Sicherheitseskorte für die Geldtransporte der Kreuzzüge genutzt, verfügt Mitte des 13. Jahrhunderts bereits über ein Filialnetz von Hunderten Banken – und ein stattliches Vermögen, das die Gelüste Philipp des Schönen erregt. Er bringt sich in seinen Besitz, indem er den Papst nach Avignon entführt und den Orden sodomistischer und satanistischer Praktiken anklagt.

womit aus dem Geldstück unversehens eine Art Schwarzer Peter geworden ist.

Dabei war das Problem, welches das Geldwesen begleitete wie ein dunkler Schatten, schon mit den Falschmünzerkönigen des Mittelalters sichtbar geworden. Ihnen kam zugute, dass der König stets als Inhaber der Münze betrachtet wurde – eben weil sein Konterfei darauf prangte. Folglich befand sich das Geld, das jemand mit sich herumtrug, nicht im Besitz seines Trägers, sondern war eine Art Leihgabe. Hinter dieser merkwürdigen Annahme steckt ein anderes Verständnis von Geld als das uns geläufige. Tatsächlich betrachtete man Geld noch nicht als Wert an sich, sondern als einen Wertmesser, der den Wert einer Sache misst so wie das Thermometer die Temperatur. Nun hatte der Umstand, dass in Europa zunehmend hochwertige Goldmünzen kursierten, den Goldhunger der Untertanen mächtig gesteigert – ebenso wie den ihrer Herrscher, denen es stets an Geld fehlte. Sie nahmen die Gold- oder Silbermünze, schmolzen sie ein und prägten sie, mit minderwertigem Metall gestreckt, wieder neu. Und weil sie dies nicht nur mit dem eigenen Geld, sondern auch mit dem ihrer Nachbarn taten, kam es bald zu regelrechten Münzkriegen.

Schon im 14. Jahrhundert hatte der Kardinal und Universalgelehrte Nicole Oresme die Grundsatzfrage gestellt: Wem

1534 Heinrich VIII. setzt im Parlament den Act of Supremacy durch, mit dem er sich von Rom löst – und nebenbei die Ländereien und Pfründe der Kirche einsackt. Dies gibt dem (längst bankrotten) Feudalsystem eine Gnadenfrist. Aber schon Heinrichs Tochter Elisabeth muss sich im Nebenerwerb (man denke an Sir Francis Drake) als Seeräuberbraut betätigen.

gehört das Geld? Keinesfalls, so seine Antwort, durfte es dem Fürsten gehören. Es sei Besitz der Allgemeinheit, ein Omnibus mithin. Freilich beherzigten seine Nachfahren diese Lehre nicht, sondern ließen es zu, dass nach den Fürsten nun auch Privatpersonen sich ins allgemeine Fälscherwesen hineindrängten. In England war die Situation so schlimm, dass man einem Fälscher unter der Bedingung, dass er zwei andere Fälscher denunziere, Straffreiheit garantierte – oder dass man Söhne ermunterte, ihre falschmünzenden Vater zu denunzieren. Und nach dem Staatsbankrott Charles II. war das Ansehen der Autorität so tief gesunken, dass, als französische Truppen auf England vorrückten, niemand mehr bereit war, dem König auch nur einen Heller für die Landesverteidigung vorzustrecken. In dieser verzweifelten Lage kam es 1694 zur Gründung der *Bank of England.* Schon mehrere Länder oder Republiken (wie Genua oder Venedig) hatten zuvor gesetzliche Zahlungsmittel verordnet. In der amerikanischen Kolonie Massachusetts war man gar auf den bizarr anmutenden Gedanken verfallen, den *Wampun*, ein indianisches Muschelgeld, zum gesetzlichen Zahlungsmittel zu machen. Auch die Einführung des Papiergeldes war schon erprobt worden – in Schweden beispielsweise, dem es nach dem teuren Dreißigjährigen Krieg an Metall fehlte. Das Neue an der engli-

1611 Die Amsterdamer Börse wird eröffnet. Sie ist eine Bank hauptsächlich für Einlagen (es existieren zur Gründung 709 Konten). Auf die Einlagen wird kein Zins gezahlt, und nur der Ostindischen Kompanie und der Stadt Amsterdam werden Kredite gewährt. Aber schon im Jahr 1612 kommt es zu einem Wertpapierhandel.

schen Zentralbank war daher nicht so sehr, dass ein bestimmtes Zahlungsmittel zum Gesetz erhoben wurde, sondern dass die Bank ermächtigt war, Kredite zu vergeben. Oder genauer, da sie sich das dafür nötige Geld ja nirgendwo ausborgen konnte, dass es ihr erlaubt war, Geld zu erzeugen. Und damit war sie zur Hüterin des Geldes geworden, zu der Instanz, die über die Knapphaltung eines Nichts wacht. Und da die Bank dies verlässlich besorgte, der Zins stattlich war und zudem regelmäßig ausbezahlt wurde, war der Bank of England ein enormer Aufschwung beschieden. Dabei bestand der Haupterfolg des Instituts darin, dass die Menschen, die sich noch ein paar Jahre zuvor am Geld die Zähne ausgebissen hatten (denn man beißt auf eine Münze, um ihren Goldgehalt zu testen – und ist sie nicht gülden, so leidet der Zahn), dass diese gleichen Menschen nun an das Geld zu glauben begannen. Denn nur auf der Basis dieses Glauben war es möglich, statt des knappen Edelmetalls Papiergeld auszugeben.

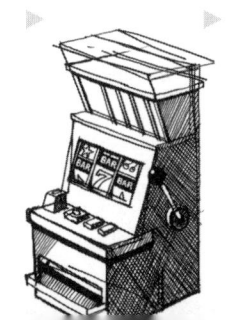

Folglich wurde der Vertrag, der der Bank die Erzeugung des Geldes gestattete, immer wieder verlängert – und so wurde aus dem privatwirtschaftlichen Institut eine quasi staatliche Institution. Wobei man dieses *quasi* dick unterstreichen muss – denn diese Sonderstellung ist der Zentralbank erhalten geblieben. Nicht nur die Bank of England, auch die amerikanische Federal Reserve ist bis heute keine vollstaatliche, sondern zu Teilen noch immer privatwirtschaftliche Institution. Mögen alle anderen Teile des Staates demokratisch organisiert sein, so ist das Institut, dem die Wahrung des Scheins obliegt, nicht-demokratisch verfasst. Man könnte sagen: In der Zentralbank ist der Geist des *Sovereigns*, das Königsprivileg, erhalten geblieben – so wie alle religiösen Vorstellungen auch. Nur dass wir nicht mehr von Gott, sondern vom Geld, von Schuldnern und Gläubigern, von Kredit und Bonität sprechen.

1715 Der schottische Ökonom John Law bekommt den Auftrag, für den französischen König eine Notenbank zu errichten. Die Begeisterung für die Mississippi-Kompanie, die Land in Louisiana urbar machen soll, bewirkt eine Aktien-Hausse, die 1719 in einem ersten Crash endet und das Vertrauen in das Papiergeld der königlichen Bank erschüttert. In Schimpf und Schande muss Law das Land verlassen.

Die Natur

Wer hat die Geschichte vom edlen Wilden, von der unverbildeten, wahren Natur noch nicht gehört? Sie ist die Hoffnung aller Zivilisationsgeschädigten, die mit der Fernbedienung vor dem Kühlschrank sitzen und sich ins Paradies träumen, wo auch immer es liegen mag, in der Südsee, im eigenen Kopf oder in den Wonnen der Nacktkörperkultur. Mag uns die *wahre* Natur wie ein goldenes Zeitalter erscheinen, das vor aller Geschichte liegt, so hat dieses Leitmotiv, das die Moderne so getreulich begleitet wie die immer weiter sich raffinierenden Kühltechniken, wiederum eine Geschichte, und diese Geschichte führt uns ins 18. Jahrhundert zurück, in eine Zeit, da man die Möbel mit Blumen zu verzieren begann und an die Stelle barocker Formgeschwulste einfache, klare Linien setzte. So wie die Natur in stilisierter Form in die Räume einwandert, so begibt sich die Gesellschaft zur Landpartie oder zu kleinen

Ab 1720 In der Malerei macht sich eine Freiluftbegeisterung breit. Nicht nur, dass zunehmend Schäferstündchen und idyllische Naturszenen die Bilder bevölkern (Watteau), sondern die Maler verlassen das Atelier und malen gleich in der frischen Luft (*plein air*).

Schäferstündchen ins Freie hinaus. Und in dieser allgemeinen Frischluftbegeisterung, in der Kluft von Schäfer und Schäferin, entdeckt man, dass auch der Mensch, der sich hinter Puder, Perücke und Hofkleid versteckt hat, zuallererst ein Naturwesen ist. Nicht die berechnende Vernunft also ist es, die ihn zum Menschen macht, sondern seine Empfindsamkeit, seine allumfassende Sensibilität.

Genau dies ist die Lehre, die Jean-Jacques Rousseau (1712 bis 1778) den Gesellschaftstieren entgegenschleudert. In der Tat ist dies ein Bruch mit aller Tradition. Hatte sich bislang die ganze Kultur um die Bemeisterung der Sinneslust besorgt, wird für Rousseau nun die wahre Empfindung zur eigentlichen Vernunft. So behauptet er, in seinem ersten großen Text, dem *Diskurs über die Wissenschaften und Künste*, dass die Wissenschaften nichts zur Verbesserung der Sitten beigetragen hätten. Ganz im Gegenteil: Die Vernunft habe sich an die Stelle der Empfindung gesetzt und die natürliche Freiheit des Menschen beschnitten. Diese Beschneidung aber sei mehr als eine Begrenzung, sie komme vielmehr einer Denaturierung gleich, die den Menschen von sich selber entfernt. Und so lautet die Rousseausche Anklage, die wie ein Fanal seinen *Gesellschaftsvertrag* ankündigt: »Der Mensch wird frei geboren, und überall liegt er in Ketten.« Der Verlust der natürlichen Freiheit lässt ein

1719 Daniel Defoes *Robinson Crusoe* erscheint, angeregt durch die Erlebnisse des Seefahrers Alexander Selkirk, der vier Jahre auf einer menschenverlassenen Insel verbrachte.

altes, religiöses Motiv wiederaufleben: das Bild vom verlorenen Paradies. Allerdings ist es bei Rousseau seiner religiösen Bedeutung entkleidet. So fordert er seinen imaginären Zögling, den Knaben Emil, dazu auf: »Schaffe dir auf Erden ein Paradies, so lange du noch auf das andere hoffst!« Tatsächlich ist die Unfreiheit des Menschen selbst verschuldet, das Ergebnis eines Konflikts, der zwischen den natürlichen Anlagen des Menschen und seiner Zurichtung durch die Gesellschaft tobt. »Der gesellschaftliche Mensch«, den Rousseau als den Gegenspieler des natürlichen Menschen sieht, »kommt als Sklave zur Welt, lebt und stirbt als Sklave«. Dies hat damit zu tun, dass die Gesellschaft nicht nach Menschen verlangt, sondern nach Bürgern und Untertanen, die sich in einer bestimmten Funktion für die Gesellschaftsmaschinerie aufopfern. In einer solchen Welt kann folglich nichts weiter als Unterwerfung, Druck und Zwang herrschen. Mag das Gesellschaftstier in der Gesellschaftsmaschine erfolgreich sein, so doch nur um den Preis, dass es sich seiner eigenen Menschlichkeit entfremdet, dass es zu einem Doppelwesen degeneriert, das vorgibt, sich um seine Nächsten zu kümmern, in Wahrheit aber doch nur den eigenen Vorteil sucht. Aus diesem Verbildungsprogramm aber gilt es herauszutreten. Man versteht, dass und weshalb Rousseau sich in dieser Fundamentalkritik

1749 Baumgarten schreibt seine *Ästhetik*, die sich bemerkenswerterweise nicht aus der Kunst, sondern vom griechischen *aisthesis*, das heißt: *Wahrnehmen* ableitet. Man könnte sagen: Die Gesellschaft wird empfindsam, folglich beschäftigt man sich zunehmend mit der eigenen Natur.

daran macht, das Bild eines nicht-entfremdeten Menschen zu entwerfen.

Nun ist das große Erziehungsprogramm, das Rousseau mit seinem *Émile* entwirft, eines, das er am eigenen Leibe durchexerziert hat: in seinem vielleicht mutigsten, aufrichtigsten Buch, seinen *Bekenntnissen*. In diesem Buch erzählt er von Dingen, die bislang außerhalb jeder Erzählbarkeit lagen: Er erzählt von einem Diebstahl, den er als Kind begangen hat, er erzählt von der Lust, die ihm die Schläge einer Bediensteten gewährten. Tatsächlich ist dieses Buch beispiellos in seiner Kühnheit, in der Rücksichtslosigkeit des Beichtenden. Wie neu und unerhört diese Selbstdarstellung ist, die Öffnung des psychischen Raumes, wird schon in den ersten Sätzen der *Bekenntnisse* deutlich: »Ich plane ein Unternehmen, das kein Vorbild hat und dessen Ausführung auch niemals einen Nachahmer finden wird. Ich will vor meinesgleichen einen Menschen in aller Wahrheit zeigen – und dieser Mensch werde ich sein.« Man muss schon sehr schwerhörig sein, um den triumphalistischen Zug dieser Beichte zu überhören, kündigt Rousseau doch an, dass er eine absolute Grenze überschreitet. Tatsächlich ist hier nicht nur das moderne Genre der Autobiographie beschritten, sondern auch der Weg, der in die Intimbereiche des Psychischen und zum Unbewussten weist. Fortan

1762 Jean Jacques Rousseau beschreibt in seinem *Émile*, wie der Mensch aus dem Naturzustand in die Gesellschaft übergeht. In der Folge kommt es zu heftigen Debatten und Theorien über das Naturrecht.

werden die Bücher ganz neuartige Titel tragen, wie etwa *Die Herzensergießungen eines kunstliebenden Klosterbruders*, werden sich Schriftsteller wie Goethe daran machen, die Psyche etwa des jungen Werther abzuschildern, wird wiederum das literarische Publikum von derlei Darstellung so gerührt, dass mancher sich nicht davon abhalten lässt, seinem literarischen Helden in den Tod nachzufolgen. So sprechen die Psychologen unserer Tage, die mit medial vermittelten Nachahmungsselbstmorden zu tun haben, noch immer vom *Werther-Effekt*.

1798 In der Nähe von Aveyron wird ein Wolfskind entdeckt, das der Naturforscher Bonnaterre unter größter Anteilnahme seiner Zeit untersucht und zu einem halbwegs zivilisierten Menschen heranbildet: Man entdeckt, dass auch die Menschlichkeit des Menschen nichts Angeborenes ist, sondern eine Entwicklungsleistung, die sich erst langsam herausbildet.

Die Aufklärung

Jeder hat irgendein Bild davon, was *Aufklärung* ist, aber die vielleicht kürzeste Aufklärung über die Aufklärung hat uns ein kleiner, fast zwergwüchsiger Philosoph gegeben: Aufklärung sei der Ausgang des Menschen aus seiner selbstverschuldeten Unmündigkeit. Mit anderen Worten: In der Aufklärung wird die Kultur erwachsen und befreit sich von ihren Vormündern, namentlich der Kirche. Dieses Erwachsenwerden ist die große Erzählung des 18. Jahrhunderts – und wirklich liefert uns diese Zeit Dutzende schöner Exempel. Da führen uns die sogenannten *Enzyklopädisten* vor, dass der »öffentliche Gebrauch der Vernunft« (dies eine andere Definition Kants) auch etwas mit der Zugänglichkeit des Wissens zu tun hat. Folglich kommt es zu jenem großen enzyklopädischen Werk, dass das Wissen der Welt sammelt, von A bis Z. Dabei ist die erklärte Zielsetzung, dass »dieses Werk mit der Zeit eine Umwand-

1650 In Leipzig erscheint die erste Tageszeitung, 1703 die Wiener Zeitung, 1780 die *Neue Zürcher Zeitung*, 1788 die Londoner *Times*. Die Aufklärung geht einher mit der Entstehung einer Presse-Öffentlichkeit.

lung der Geister mit sich bringen« werde. »Ich hoffe«, schreibt Denis Diderot, einer der Initiatoren des Projektes, »dass die Tyrannen, die Unterdrücker, die Fanatiker und die Intoleranten dabei nicht gewinnen werden.« In der Mitte des Jahrhunderts freilich kommt es zu erbitterten Kämpfen zwischen den Aufklärern und verstockten Klerikern, die (wie der Hamburger Hauptpastor Götze, der mit Lessing im Clinch liegt) alles daran setzen, ihre Schäfchen auch weiterhin artgerecht, also schafsdumm, zu halten. Diese Vormundschaft soll ein Ende haben.

Nun kann man sich vor dem Pathos der Aufklärung, das in allen Parlamentsdebatten und Zeitungsartikeln geradezu heruntergebetet wird, kaum noch retten – und so fällt unter den Tisch, dass mit der Aufklärung im Grunde etwas sehr Zweideutiges in die Welt kommt. Denn mag man sich aus den Händen der einen und allein seligmachenden Kirche begeben, mag man sich auch der weltlichen Machthaber entledigen, so stellt sich doch die Frage, ob die neu gewonnene Gedankenfreiheit tatsächlich zur Befriedung der Menschen beiträgt. Gibt es nur *eine* Vernunft – oder gibt es derer viele? Und ist es möglich, dass sie einander ebenso erbittert bekämpfen, wie sich früher die Religionen bekämpft haben? Wie man weiß, ist genau dies das Schicksal, das der Aufklärung in der Französischen Revolution

1751–1772 Die 28-bändige *Enzyklopädie* von d'Alembert und Diderot versammelt das Wissen der Welt. Unter dem Stichwort *Vernunft* findet sich der Hinweis, dass kein Satz, der mit dem Wissen oder der Alltagserfahrung im Konflikt steht, als göttliche Offenbarung gelten könne.

beschieden war. Jener Augenblick, als man die Notre-Dame zum Tempel der Vernunft umwidmete, war ja keineswegs eine Ruhmesstunde der Aufklärung, sondern der Beginn eines staatlichen Terrorregimes. Hatte man sich anfangs noch damit begnügt, den Heiligenstatuen die Köpfe abzuschlagen, so begannen die Revolutionäre nun, einander die Köpfe abzuschlagen – mit dem messerscharfen Argument, man habe doch nur die Vernunft und das Allgemeinwohl im Sinn.

Tatsächlich wird die Frage nach der allgemeinen Gesetzgebung, also der kollektiven Vernunft, in Rousseaus *Gesellschaftsvertrag* schon 1761 aufgeworfen – und als Menschenkenner, der er ist, lautet seine Antwort, dass der Mensch allein keineswegs dazu imstande sei, denn um den Menschen ein allgemeines Gesetz zu geben, bräuchte man einen Gott, der alle Leidenschaften der Menschen kennt, aber keiner unterliegt. Und als hätten sie geahnt, dass sie derlei noch benötigen würden, erwähnten die Revolutionäre das Höchste Wesen dann auch in der Präambel ihrer Menschen- und Bürgerrechte. Aber das änderte den Lauf der Dinge keineswegs. So sah sich ausgerechnet der allerkälteste aller Revolutionäre, Maximilien Robespierre, der sich nicht scheute, mit einem Wimpernschlag selbst nächste Freunde und Weggefährten unter das Fallbeil zu befördern, zu einer Ab-

1776 Die amerikanische Unabhängigkeitserklärung fasst in ihrer Präambel die Grundlagen des aufgeklärten Denkens zusammen – und erwähnt neben dem Naturrecht zum ersten Mal auch die Menschenrechte.

kehr vom selbstentfesselten Furor veranlasst – mit dem bemerkenswerten Ausspruch: »Wenn es Gott nicht gibt, so müsste man ihn erfinden.« Und deswegen kommt es zur Hochzeit der Revolution zu einer höchst befremdlichen Feier des Höchsten Wesens: Man schreitet sozusagen zu einem Gottesdienst der Vernunft.

Aber vielleicht ist das Pathos, das die Religion einfach durch die Vernunft ersetzt, kein geeignetes Mittel, um das Wesen der Aufklärung zu erfassen – und schon deswegen lohnt es sich, die Geschichte noch einmal auf eine etwas weniger konventionelle Weise zu erzählen. Zur gleichen Zeit, als Immanuel Kant (1724 bis 1804) in seine kritische Phase eintrat, tourte ein Schachautomat durch Europa, der das Publikum in Erstaunen versetzte. Alle Welt zerbrach sich den Kopf darüber, wie es dem Apparat gelingen konnte, selbstständig zu denken. Erst als Friedrich der Große eine große Summe für die Aufdeckung ausgelobt hatte, kam das Geheimnis heraus: ein kleinwüchsiger Schachspieler, der im Innern der Apparatur hockte. Man könnte sagen, dass Immanuel Kant der Erste gewesen ist, der das Geheimnis der Philosophie gelüftet hat – einfach dadurch, dass er zu zeigen vermochte, dass im Innern jeglicher Denkapparatur nicht eine geheimnisvolle, überirdische Macht sitzt, sondern eine Art Denkzwerg, der behauptet, ein wunderbares

1783 Immanuel Kant veröffentlicht einen Text von wenigen Seiten, der Antwort auf die Frage gibt: *Was ist Aufklärung?* Dabei sieht Kant deutlich die beiden Seiten des Problems: der Wunsch nach individueller Freizügigkeit ebenso wie ein Minimum gesellschaftlicher Ordnung, …

Wissen zu besitzen. Nicht zufällig beginnt Kants *Selbstdenkertum* in dem Augenblick, als er den Gottesbeweis kritisiert (der in den Händen der Philosophen ja nicht der Verehrung Gottes diente, sondern als Selbstlob für die Göttlichkeit des Denkens und der Philosophie benutzt wurde). Kants trockene Einsicht dagegen ist: Die Philosophie ist kein Wunder, sondern die Arbeit der menschlichen Einbildungskraft. Das ist der Kern von Kants *Kritik der reinen Vernunft*. Man weiß über die Natur nur dasjenige, was man zuvor hineingesteckt hat. Wenn aber alles Denken auf den Denker zurückfällt, stellt sich die Frage: Was stecke ich in meinen Zylinder hinein? Die ersten Dinge, die *Apriori* heißen, sind laut Kant unsere Begriffe von Raum und Zeit. Diese Dinge möchte Kant von der empirischen Welt geschieden wissen, denn sie bilden die Prinzipien, mit denen sich das Denken fortan beschäftigen soll.

Nun hat Kant diese Selbstkritik der Philosophie keineswegs als Problem, sondern als Befreiung begriffen, eine Revolution der Denkart, die der Französischen durchaus an die Seite gestellt zu werden verdient. Und wirklich: Hält man sich die Konsequenz der Einsicht vor Augen, so sieht man, dass die wesentliche Frage der Aufklärung noch keineswegs beendet ist. Wenn Kant auf die Frage: *Was ist Aufklärung?* die Antwort gibt, dass sie der Ausgang des Men-

… das dahin gehen muss, den Menschen nicht als Maschine, sondern seiner Würde gemäß zu betrachten. Dieses heikle Verhältnis von Individuum und Gesellschaft führt ihn zur Frage seines *kategorischen Imperativs*, an dem er ein Leben lang herumlaboriert.

schen aus seiner selbstverschuldeten Unmündigkeit sei, so ist klar, dass man die Verantwortung dafür nicht der Kirche und den Tyrannen anlasten kann. Auch der Glaube an die Naturwissenschaft, an die Medizin oder an den wissenschaftlichen Materialismus (also den Kommunismus) kann ja durchaus eine selbstverschuldete Unmündigkeit sein. Ja, im Grunde ist alles, was sich der Einsicht verwehrt, dass die Welt des Menschen vor allem ein Produkt seiner Einbildungskraft ist, letztlich noch der Versuch, an einem Kinderglauben festzuhalten. Oder mit Kant gefragt: Wie ist Geschichte a priori möglich? Und mit ihm geantwortet: Wenn der Wahrsager die Begebenheiten selber *macht* und veranstaltet, die er im Voraus verkündet.

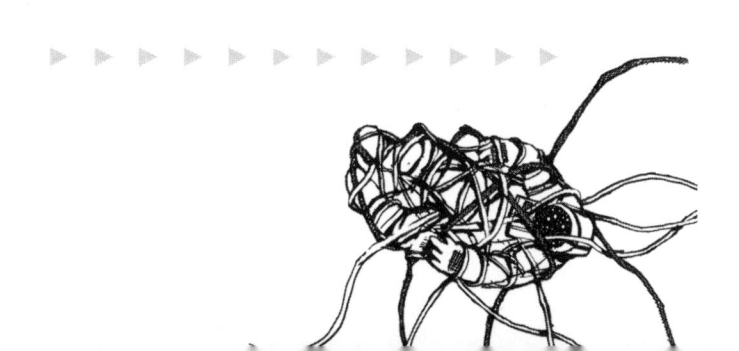

Ökonomie

Vielleicht braucht man eine Dampfmaschine, um Ökonomie betreiben zu können. Einer Sklavenhaltergesellschaft jedenfalls, so hat dies ein scharfsichtiger Denker einmal gesagt, wäre es niemals in den Sinn gekommen, sich zu fragen, ob das, was man aus dem Sklaven herausholt, mehr ist, als das, was man in ihn hineingesteckt hat. Auf jeden Fall ist die *Ökonomie*, die uns Aristoteles hinterlassen hat, eine Disziplin, die mit unserem Marktgeschehen herzlich wenig zu tun hat. Bei Aristoteles geht es nicht um einen energetischen oder sonstigen Mehrwert, sondern um höchst unmittelbare Fragen der Hauswirtschaft (*oikos = Haus*), die Frage etwa, wie der Hausherr seine Frau, seine Kinder und seine Sklaven behandeln soll. In diesem Sinne kannten die Alten gar keine Ökonomie, fehlte ihrer Welt, die in Ermangelung eines verlässlichen Maßstabs nur über den Daumen peilen konnte, das entscheidende Koordinatensystem für den Profit.

1769 James Watt verbessert die bereits 1712 von Joseph Newcombe erfundene Dampfmaschine.

Genau dies aber ist im 18. Jahrhundert gegeben – und so ist es nicht verwunderlich, dass mit dem *Markt* einer jener großen Geister der Moderne sein Haupt erhebt. Aber während er in unseren Tagen eine riesenhafte Gestalt angenommen hat, war er zunächst ein eher theoretisches Phänomen. So waren die französischen Physiokraten, die gerade erlebt hatten, dass sich die imaginären Schätze auf dem Papier in nichts auflösen konnten, der Meinung, dass Reichtum identisch mit landwirtschaftlichem Reichtum sein müsse. Dies erklärt im übrigen auch, warum sie sich selber als *Physiokraten* bezeichneten, versteht man darunter doch die Herrschaft der Natur. In England, wo gerade die ersten Dampfmaschinen angelaufen waren, hielt man sich mit solchen Schäferspielen nicht auf, sondern strebte vor allem, auf welchem Weg auch immer, nach Profitmaximierung. Und dies hieß ganz einfach: Mehr Wert, mehr Geld.

Aber auch für Adam Smith, den ersten modernen Ökonomen, war der Markt zunächst ein eher theoretisches Phänomen – wie der Denker selbst, der ein Leben lang Selbstgespräche führte und den man, Urbild eines zerstreuten Professors, auch im Morgenrock auf der Straße antreffen konnte. Die Frage, die den schottischen Denker beschäftigte, war die Frage nach dem Glück. Was ist bedeutsamer: das individuelle oder das kollektive Wohlergehen? Schon

1798 Sir Thomas Malthus veröffentlicht seinen *Essay on the Principle of Population*. In dieser Schrift werden die Grenzen des Wachstums problematisiert, denn Malthus macht klar, dass ein exponentieller Kinderreichtum nicht in noch mehr Wohlstand mündet, sondern zu Verelendung führt.

die Reihenfolge seiner Werke und ihre Titel geben die Antwort darauf. Nachdem Smith 1759 eine *Theorie der ethischen Empfindungen* veröffentlicht hatte, legte er siebzehn Jahre später sein Hauptwerk vor: den *Wohlstand der Nationen* (1776). Mithin ist das kollektive Wohlergehen dem Schicksal des Einzelnen vorzuziehen. In diesem Sinn vollzieht sich im Denken der Nationalökonomie eine tiefe Umstellung: Geht es bei Aristoteles noch um die Frage, ob der Hausherr seine Sklaven schlagen soll oder nicht, so löst sich das Konzept des Marktes aus den Fesseln der Ethik und ihrer individualisierenden Betrachtungsweise. Denn dem Markt ist es herzlich gleichgültig, ob ein Mensch aus hochherzigen Motiven oder aus niederen Beweggründen produktiv wird – Hauptsache, er unternimmt irgendwas. In diesem Sinne adelt der Markt selbst die Gier und den Eigennutz, denn im Gegensatz zur tugendhaften Entsagung erhöhen sie den Wohlstand und das Bruttosozialprodukt. Dass es zu dieser wundersamen Verwandlung kommt, ist nach Smith der *unsichtbaren Hand* zu danken, die das Marktgeschehen regelt. Obwohl dieser merkwürdige Mechanismus von den Ökonomen der Gegenwart heruntergebetet wird, wie man früher den Rosenkranz heruntergeleiert hat, wird die unsichtbare Hand im Werk von Smith nur dreimal erwähnt. Das erste Mal, um zu demonstrieren,

Um 1825 Der irische Philosoph William Thompson verkoppelt das Konzept des *Mehrwertes* mit der Ausbeutung durch den Kapitalisten. Thompson selbst, einer der reichsten Männer Irlands, sollte mit seinem Testament den längsten Rechtsstreit der irischen Geschichte auslösen, focht seine Familie doch seine Verfügung an, den Besitz der just entstandenen Genossenschaftsbewegung zukommen zu lassen.

wie sich die Primitiven die Naturkräfte erklären. Das zweite Mal soll die unsichtbare Hand das Paradox auflösen, dass die Verteilung der Reichtümer, ungeachtet der Unterschiede zwischen Arm und Reich, letztendlich doch auf ein relatives Gleichgewicht hinausläuft. In der dritten Variation schließlich, die sich im *Wohlstand der Nationen* findet, kommt es zu jener Formulierung, die uns in groben Zügen bekannt ist. Hier führt Smith jenen berühmten Marktmechanismus vor, bei dem die Menschen, indem sie ihren Partikularinteressen folgen, »von einer unsichtbaren Hand« geleitet, einem Zweck dienen, der keineswegs in ihren Absichten gelegen hat: nämlich der Förderung des Gemeinwohls.

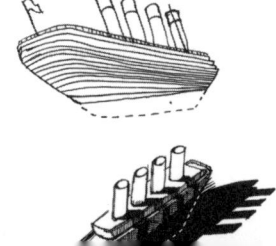

Vielleicht ist diese wundersame Verwandlung, bei der sich Gier und Egoismus zum Gemeinwohl veredeln, die Geburtsstunde der Ökonomie. Damit nämlich entzieht sich die Ökonomie der Frage von Schuld, Sühne und zweifelhafter Moral. Darf man, wenn man selbst die Sklaverei verabscheut, aus dem Sklavenhandel einen Profit ziehen (wie Voltaire dies getan hat)? Für den Ökonomen ist diese Frage letztlich nicht von Belang. Wenn man den Markt nur machen lässt, so wird er es schon richten. Und wirklich hat uns der Markt mit Kühlschränken, elektrischen Dosenöffnern und Flachbildschirmen versorgt, einem Reichtum, der einen sich reich dünkenden Edelmann der Vergangenheit vor Neid hätte erblassen lassen. Insofern konnte sich die Ökonomie lange Zeit als praktische Volksbeglückungsdisziplin, ja geradezu als allein seligmachende Wissenschaft wähnen. Dennoch ist fraglich, ob dieses Ideal noch immer trägt.

Schon 1957 verwunderte sich der amerikanische Ökonom John Kenneth Galbraith darüber, dass man, um der Simulation von Produktivität willen, eine von niemandem so gewünschte Überschussproduktion subventioniert. In dieser Produktion um der Produktion willen liegt ein durchaus irrationales Moment. Denn hier macht sich eine blinde Arbeitswut Luft, die keinen Sinn hat und eben darin ihren Fetischismus enthüllt – einfach deswegen, weil es ja nicht mehr Menschen, sondern Maschinen sind, die die Arbeit besorgen, eine Arbeit zudem, die sich nicht mehr auf praktische Güter, sondern auf immaterielle Objekte bezieht. So ergeht es uns wie dem Zauberlehrling, dessen Besen sich selbstständig macht. Dabei ist der Widerstand gegen die Ökonomie fast so alt wie die Disziplin selbst. Wollten die Kommunisten eine andere Verteilung der Produktionsmittel, so gab es viele, die in der Rationalität der schönen neuen Welt etwas zutiefst Unheimliches sahen. Nicht nur, dass der Einzelne in der Masse verschwindet, schlimmer noch

1832 Der Computerpionier Charles Babbage veröffentlicht seine Analyse der englischen Industriegesellschaft, *On the Economy of Machinery and Manufactures*, ein Werk, aus dem Karl Marx fleißig exzerpiert hat. Babbage, der zudem die Grundlagen der Gothaer Lebensversicherung formuliert hat, macht darin klar, dass es der Ökonomie nicht um den Einzelfall geht, sondern dass sie eine Mengenlehre, ein Denken in Populationen darstellt.

ist, dass er in der ökonomischen Lesart der Welt nicht mehr als solcher, sondern nurmehr als *Homo oeconomicus* auftaucht – als ökonomische Schrumpfgestalt, dessen einziges und vorgebliches Interesse in der Maximierung seiner Bedürfnisbefriedigung besteht. Es ist diese Monstrosität, die ein anderes Monster unserer Geschichte hervorbringt. Der transsylvanische Edelmann des Bram Stoker, den ein unstillbarer Blutdurst umtreibt, scheint diesen nur zu empfinden, weil in seinen Adern kein Blut mehr, sondern nur Geld zirkuliert. Als der tapfere Jonathan Harker dem Grafen Dracula ein Messer ins Herz rammt, entströmt diesem kein Blut, sondern ein Rinnsal Gold und ein Bündel Banknoten.

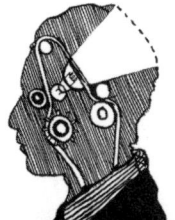

Die Geschichte

Wenn nichts mehr feststeht, sondern alles im Fluss ist, drängt sich die Frage auf, ob es wenigstens ein Prinzip gibt, das die Veränderung erklärt. Im Grunde kehrt hier eine alte philosophische Idee wieder, die schon die Griechen beschäftigt hat: die Frage nach dem unbewegten Beweger, die Idee der *Weltseele* (*anima mundi*). Genau dies ist der Titel eines schwärmerischen Werkes, das Gottfried Wilhelm Hegels Studienfreund Friedrich Wilhelm Joseph Schelling 1798 veröffentlicht. Hegel, der im Vergleich zu Schelling ein Spätentwickler ist und lange noch im Schatten des berühmten Freundes steht (der ihn an die Universität von Jena holt), greift diesen Gedanken auf, wendet ihn aber nicht auf die Natur, sondern auf die Geschichte an. Wenn die Veränderungen in der Natur auf eine Weltseele zurückgehen, wäre es denkbar, dass auch die Geschichte nicht eine Abfolge zufälliger Geschehnisse darstellt, sondern dass sich

1756 Voltaire nutzt erstmals den Begriff *Geschichtsphilosophie* und bezeichnet damit eine Disziplin, die sich mit den Formen und Merkmalen des historischen Wandels sowie mit der Möglichkeit des geschichtlichen Erkennens beschäftigt.

hier eine Gesetzmäßigkeit enthüllt, eine zwingende Logik, die Hegel den *Weltgeist* nennt. Hier liegt der Kerngedanke seines ersten großen Werkes, der *Phänomenologie des Geistes*, das Hegel im Jahr 1806 schreibt, in jenem Jahr, als Napoleon in Jena einrückt, was auf Hegel einen so großen Eindruck macht, dass er behauptet, er habe »den Weltgeist zu Pferde« gesehen. Dass er diesen Ehrentitel einem Sterblichen zuerkennt, zeigt, dass Hegel den Weltgeist nicht als eine über der Menschheit schwebende Instanz auffasst. Folglich hat er auch nichts mehr mit dem Gott der Philosophen im Sinn, der von altersher die Geschäfte der Natur besorgt hat – und den die Alten als den Sich-selbst-Gleichenden aufgefasst haben. Hegels *Weltgeist* hingegen wäre vielmehr mit dem zu bezeichnen, was man heutzutage »state of the art«, die Spitze der Kunst, die äußerste Spitze eines Bewusstseins nennen könnte. Und da sich diese Spitze beständig verändert, nimmt Hegel ein zweites Element der Philosophie auf: die Dialektik.

Dialektik im alten, griechischen Sinne ist nichts weiter als die Kunst der Unterredung, Rede und Gegenrede, ein Prozess, in dem sich schließlich, über den Austausch der Argumente, ein Standpunkt herausbildet. Hegel aber verwandelt diese Dialektik in einen geschichtlichen Automatismus – und macht aus dem lebendigen Gespräch (das ja

1791 Mit Herders Ideen zur *Philosophie der Geschichte der Menschheit* entsteht eine regelrechte Begeisterung für die historische Fremde als einer Art »kultureller Kindheitserinnerung«. Folglich machen sich die Gebrüder Grimm (ab etwa 1806) daran, die Sagen und Märchen der Vorzeit zu sammeln.

auch scheitern oder abbrechen kann) eine Bewegungslehre, die so oder so Wirkungen zeitigt. Eine gedankliche Position wird, je genauer sie sich entfaltet, ihren Widerspruch hervorbringen. Aus dem Spiel von Position und Opposition, These und Antithese, geht aber etwas Neues hervor, die Synthese. Genauer: Die Synthese hebt den ursprünglichen Gegensatz auf, und zwar im Wortsinn. Sie hebt ihn auf eine neue Ebene. Auf dieser Ebene aber stellt die Synthese wiederum eine Position dar, die notwendigerweise eine Opposition hervorbringen wird – und so beginnt der Prozess wieder von vorn, *ad infinitum*, wie bei einem Computerspiel, bei dem man von einem Level zum nächsten aufsteigt. Nun wird man, auch wenn man Hegel (der wirklich schwere Kost ist) nicht gelesen hat, doch die Wirkungen seiner Philosophie kennen: Es ist das Vertrauen darauf, dass Prozesse im Laufe der Zeit Verbesserungen mit sich bringen, das, was man in der Moderne als *Fortschrittsglauben* kennt (und heute als *Upgrading*).

Bei Hegel freilich liest sich dies, obwohl in einfachen Worten, etwas kryptischer: »Das Wahre ist das Ganze. Das Ganze aber ist nur das durch seine Entwicklung sich vollendende Wesen.« Man könnte sagen: Die absolute Wahrheit realisiert sich in der Geschichte, ja sie nähert sich in dem Maße, in dem man klüger wird, dem *Absoluten* an: dem

1798 Napoleons Eroberung von Ägypten macht die Kultur mit den vergessenen Ruinen der Vorzeit bekannt. Die unbekannte Hieroglyphenschrift (die Champollion 1822 entziffert) erinnert daran, dass nicht nur die Zukunft, sondern auch die Vergangenheit Rätsel birgt.

Endzweck, der absoluten Vernunft. Aus diesem Grunde sieht der junge Hegel, der den Eroberer Napoleon auf dem Pferd in Jena einreiten sieht, in ihm nicht den Feind, sondern kann in ihm den *Weltgeist zu Pferde* begrüßen. Mag diese Ankunft für Hegel selbst keineswegs erfreulich sein (er muss aus Jena fliehen), so hat das staatliche Bewusstsein im Schöpfer des Bürgerlichen Gesetzbuches (des *Code civil*) seine höchste Artikulationsform erreicht. Man begreift den Geistestrick, der sich hier ankündigt. Denn all die Unbilde, die uns die Welt zumutet, können dem Geschichtsprozess, dem Weltgeist mithin, nur zugutekommen. Freiheit des Einzelnen besteht also nicht in einer wie auch immer gearteten Willkürlichkeit, sondern zeigt sich als *Wahrheit der Notwendigkeit*, also darin, dass der Einzelne sich einsichtig in bestimmte Notwendigkeiten (und die damit verbundenen Freiheitsräume und Begrenzungen) schickt. Alles klar?

Dabei interessiert Hegel nicht der Einzelfall, sondern das Gesetz. Nicht ganz zufällig hat man Hegels Geschichtsphilosophie auch als einen Abkömmling der Theodizee charakterisiert, nur dass man hier treffender von einer Vergöttlichung der Geschichte sprechen muss. Zu welch bizarren Zügen solche Geschichtsvergottung führte, davon finden sich in der Geschichte des Totalitarismus zahlreiche

Ab 1830 Das 19. Jahrhundert wird zur großen Epoche der Geschichtsschreibung und der Geschichtsphilosophie, überall blühen Schulen auf, die versuchen, den Geist des Geschehens zu ergründen.

Beispiele. In Bert Brechts *Maßnahme* etwa wird eine Parteiauseinandersetzung geschildert, bei der ein junger Revolutionär, dessen Denken die Sache behindert, sich schließlich mit der Selbstvernichtung einverstanden erklärt. Seine Mörder hingegen (der »Kontrollchor«) können sich durch die *Geschichte* entschuldigt fühlen, denn: »Nicht ihr spracht ihm sein Urteil, sondern die Wirklichkeit.«

1918 Im 20. Jahrhundert nimmt die Geschichtsphilosophie eine apokalyptische Wendung. Oswald Spengler schreibt seinen *Untergang des Abendlandes*, das den Aufstieg und Fall der Weltreiche thematisiert.

Die Evolution

Vielleicht gibt es tatsächlich so etwas wie eine Wiederkehr des Gleichen: So gibt William Paley (1743 bis 1805), der Lehrer von Charles Darwin, in seinem 1802 erschienen Werk *Natural Theology* eine neue Version des alten mittelalterlichen Gottesbeweises zum Besten. Sahen die mittelalterlichen Scholasten in der Zweckmäßigkeit eines Räderwerks den Beleg für eine kosmologische Ordnung, weil aus der zweckmäßigen Bauweise eines Räderwerks auf einen intelligenten Urheber, nämlich den Uhrmacher, geschlossen werden müsse, so nimmt Paley die Tatsache, dass die Körperteile eines lebenden Organismus ebenso zweckmäßig zusammenwirken wie die Teile der Uhr, als Beleg für einen intelligenten Schöpfer. Mit diesem Urheber, den Paley sinnigerweise auch *Designer* nennt, ist jene Instanz vorbereitet, der Darwin den Namen *Evolution* vorbehält. Was die Evolution von Paleys Uhrmacher trennt, ist nicht, dass hier

1735 Carl von Linné entwirft in seiner *Systema naturae* ein Klassifikationssystem der Natur.

strenge, fast mechanistische Gesetze gelten – der Unterschied ist lediglich, dass nicht von vorneherein klar ist, was dabei herauskommen wird. In diesem Sinne könnte man von einem *blinden Uhrmacher* sprechen, einem Maschinengeist, dessen zweifellos rationales Programm sich sozusagen von selber entwickelt, auf lange Sicht aber stets in Richtung Optimierung und Höherentwicklung voranschreitet. Als Charles Darwin im Jahr 1836 nach fünfjähriger Forschungsreise – und mitsamt seiner großen Sammlung von Spezies und Fossilien – nach England zurückkehrte, notierte er eine Reihe von erstaunlichen Phänomenen. So stellte er fest, dass sich bestimmte Vogel- und Schildkrötenarten von Inselgruppe zu Inselgruppe unterschieden, aber ansonsten durchaus ähnlich waren. Dies führte ihn zu seiner Anpassungslehre – also dem Umstand, dass sich das Lebewesen seiner Umwelt anpasst. Dabei gehe der Prozess, so Darwin, langsam vor sich, in kleinen Schritten (Gradualismus). Um die Entwicklungsfrage jedoch aufzulösen, die mit dem Aussterben älterer Arten und dem Auftauchen neuer Arten verbunden war, begann Darwin, sich auf die Suche nach den Gesetzmäßigkeiten zu machen, derer sich die Evolution vermeintlich bediente. Dabei ließ sich Darwin nicht so sehr von seinen Spezimen als von anderen Disziplinen befruchten. Vor allem angeregt von der

1799–1804 Nach einer Blitzkarriere im preußischen Staatsdienst bricht Alexander von Humboldt zu seiner Südamerika-Reise auf, die von Anbeginn als Forschungsreise konzipiert ist und aus privaten Mitteln bestritten wird. Nach seiner Rückkehr und der begeisterten Aufnahme seiner Ergebnisse kommt es überall zur Gründung naturphilosophischer Gesellschaften.

volkswirtschaftlichen Lehre des Sir Thomas Malthus, der eine erste Theorie der Überbevölkerung formuliert hatte, gelangte Darwin zur Theorie der *natürlichen Selektion*. Mit der Vererbung war die dritte Säule seiner Theorie aufgestellt. Der Punkt, den sein Evolutionskonzept nicht aufzulösen vermochte, war die Frage, wie es möglich war, dass bestimmte Merkmale von Generation zu Generation weitergegeben werden und dass sich einige dieser Merkmale nicht durch Vererbung vermischen. Dieser Verdienst kam dem österreichischen Mönch Gregor Mendel zu, der in seinem Klostergarten mit Erbsen *herummendelte*, also Kreuzungsexperimente vollzog. Obwohl Darwin Mendels Ergebnisse, die dieser im Jahr 1869 unter dem Titel *Über einige aus künstlicher Befruchtung gewonnene Hieracium-Bastarde* veröffentlichte, hätte kennen können, nahm er keine Notiz davon, so wenig wie die meisten Kollegen seiner Zunft. So dauerte es gut 30 Jahre, bis Mendels Beobachtungen über »rezessive und dominante Gene« wiederaufgegriffen wurden und die Geburt der modernen Genetik begleiteten.

Ehrlich gesagt, ich habe meine Zweifel, ob die Entdeckung der Evolution wirklich eine Großtat war. Deswegen fällt mir dazu nur jener Videoclip ein, der sich diese Errungenschaft nicht gerade auf wissenschaftliche, aber dafür umso

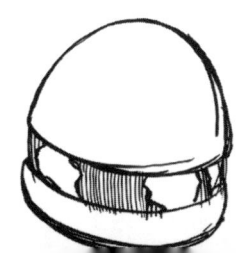

1802 Der englische Philosoph und Theologe William Paley veröffentlicht sein Werk *Natural Theology*, in dem die Natur als Schöpfung eines intelligenten Designer-Gottes erscheint.

komischere Weise an die Brust heftet. Da sieht man die ganze Naturgeschichte auf einer Zeitleiste vorüberziehen – es geht von den Dinosauriern zum *Archaeopteryx*, von den Affen bis hin zum *Homo erectus*, nur um schließlich auf den Helden des Clips hinzuweisen, einen menschgewordenen Riesenwhopper, über dessen wabbeliger Brust sich ein T-Shirt strafft, auf dem in Riesenlettern zu lesen steht: »I'm Number One. Why try harder?« Tatsächlich steht in Frage, ob die Menschheit mit der Evolution wirklich etwas anzufangen weiß.

Die für mich schönste Geschichte über die Bedeutung, die wir der Evolutionslehre beimessen, hat sich vor knapp einem Jahrhundert ereignet. Da macht sich ein begeisterter Ornithologe mit zwei Gefährten auf den Weg, um das Ei des Kaiserpinguins zu finden – und das, was ihn antreibt, ist die ernste wissenschaftliche Frage, ob der Kaiserpinguin, dieser älteste und primitivste aller lebenden Vögel, noch eine deutliche Verwandtschaft zu den Reptilien aufweist. Fatalerweise brütet der Kaiserpinguin im antarktischen Winter, und schon nach drei Nächten bei minus 50 Grad wissen die Herren, dass ihr Forschergeist sie in eine selbstmörderische Unternehmung hineingeführt hat – aber weil sie englische Gentlemen sind, rücken sie von der einmal getroffenen Zusage nicht wieder ab. Gegen alle Wahr-

1858 Darwin verliest seinen *Ursprung der Arten durch Mittel der natürlichen Selektion oder die Erhaltung bevorzugter Rassen im Kampf um das Leben*. Am gleichen Tag wird auch eine Schrift von Sir Wallace Russel veröffentlicht, auf den der Slogan *survival of the fittest* zurückgeht. Als Darwins Buch ein Jahr später erscheint, ist das Interesse so groß, dass es binnen eines Tages ausverkauft ist.

scheinlichkeit führt ihr Todesmut sie ans Ziel und wieder zurück, mit dem Ei eines Kaiserpinguins im Gepäck. Zwar werden zwei der Männer ein halbes Jahr später zusammen mit Captain Scott am Südpol sterben, aber der Dritte kehrt nach England zurück und versucht, das Ei einem Heimatmuseum anzudrehen. Dort freilich wird er vom Museumskustos mit der Bemerkung abgespeist, ob er denn glaube, hier in einem Eierladen gelandet zu sein.

1854–1869 Der Abt Georg Mendel unternimmt im Kloster Altbrünn seine Kreuzungsexperimente. 1862 gründet er den *Naturforscher-Verein Brünn*, mit dessen Hilfe er insgesamt 28.000 Erbsenpflanzen untersucht.

Das Kapital

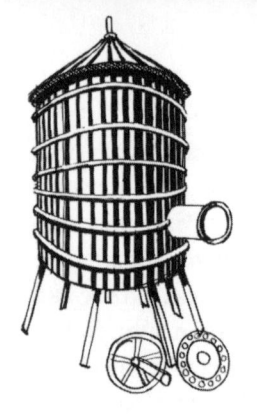

Karl Marx, wie jedermann weiß, ist der Schöpfer des *Kapitals*, jenes dickbändigen Werkes, das gleich mehrere Generationen, ja die halbe Welt dazu verleitet hat, einen *neuen Menschen* schaffen zu wollen – ein Freiland-Experiment, das ebenso desaströs scheiterte wie die Experimente des Doktor Frankenstein. Nun ist Karl Marx durchaus nicht der erste Denker, der kommunitäre oder kommunistische Gedanken proklamierte, gewiss aber derjenige, der dies auf höchster begrifflicher Ebene tat. Aus diesem Grunde konnten seine Ideen einen geradezu wissenschaftlichen Anstrich annehmen und sich als »wissenschaftlicher Materialismus« gebärden – was sie über eine schnöde Weltanschauung weit erhob. Dabei ist der Grundgedanke, der dieser Lehre zugrunde liegt, seine Lehre vom Kapital. Wenn es im *Kommunistischen Manifest* heißt: »Alles Ständische und Stehende verdampft, alles Heilige wird entweiht, und die

1814 Die immer bedeutsamere Rolle der Maschinen (etwa in der Textilindustrie) ruft die Maschinenstürmer, die Ludditen, auf den Plan. Die Zeit muss sich mit dem Phänomen der industriellen Verelendung, mit dem Lumpenproletariat, Kinderarbeit etc. auseinandersetzen.

Menschen sind endlich gezwungen, ihre Lebensstellung, ihre gegenseitigen Beziehungen mit nüchternen Augen anzusehen«, so ist der Motor, der all dies bewirkt (und der dem Denker in den Gesichtskreis rückt), das Kapital. Mit seiner Lehre verlässt Marx die Bahnen, die die herkömmliche Geschichtsphilosophie auszeichnen. Nicht Ideen und Denksysteme, nicht Philosophien oder Religionen prägen eine Gesellschaft, sondern der schnöde Mammon. Damit gesellt sich Marx der Riege der Ökonomen zu, Denkern wie Adam Smith oder Ricardo, nur dass er im Unterschied zu ihnen diesen Prozess als Politikum auffasst, als eine schlechte und menschenverachtende Politik noch dazu.

Was aber ist *Kapital*? Kapital ist aufgehäufte und gespeicherte Arbeit, es ist das Recht, Arbeit oder andere Güter zu kaufen, stets mit dem Ziel, noch mehr Kapital zu erzeugen. Kapital, so heißt es auch, ist die »Regierungsgewalt über die Arbeit und ihre Produkte«. Steckt das Kapital bei den Sklavenhaltergesellschaften oder im Feudalismus noch im Larvenstadium, so entpuppt es sich mit dem neuzeitlichen Kapitalismus, vor allem mit der Maschinisierung der industriellen Revolution. Nunmehr wird nicht mehr eine Ware gegen eine andere getauscht, mit dem Ziel, diese nutzen zu können (das wäre der sogenannte *Gebrauchswert*), sondern vielmehr bemächtigt sich das Geld der Waren, um

Um 1830 Verschiedene frühsozialistische Autoren versuchen, der Verelendung Herr zu werden. Der Fabrikherr Robert Owen versucht es damit, dass er den Alkohol verbietet, Kinder in die Schule schickt; Charles Fourier entwirft eine utopische Genossenschaft, in der niemand zur Arbeit genötigt und freie Liebe praktiziert wird.

einen Mehrwert daraus zu schlagen, also noch mehr Geld zu erlangen. Damit aber wird der gesamte Produktionsprozess zu einer Ware und bewirkt das Kapital auf der Seite der Arbeit, dass sich der Arbeiter seinem Produkt, ja seiner eigenen Arbeit entfremdet. Wie in der Geschichte des Midas, dessen Hand nicht nur die Dinge zu Gold macht, sondern dessen Berührung die eigene Tochter, ja selbst die Nahrung zu Gold verwandelt, scheint dem Kapital eine dämonische Kraft innezuwohnen. Anders freilich als in der Geschichte des Midas, der sozusagen am eigenen Goldhunger verhungert, lässt das Kapital den Kapitalisten ungeschoren. Es ist der Arbeiter, der die Zeche zu bezahlen hat. Denn sein besonderes Unglück besteht darin, »ein lebendiges und daher bedürftiges Kapital zu sein«. Das Geld hingegen streift nicht nur seinen üblen Geruch ab, sondern wirkt wie ein Joker: Man kann es abziehen, umwandeln, es kann sich dieses oder jenes Gewand überziehen.

Marx sieht also einen unlösbaren Konflikt zwischen dem toten und dem lebendigen Kapital, zwischen dem Geld und der Arbeit, zwischen den Besitzenden und den Besitzlosen. Mit dieser ökonomischen Betrachtungsweise gelingt es ihm, bestimmte Aspekte des Geschichtsprozesses aufzulösen, vermag seine Theorie mit einiger Klarheit, den Abstraktionsgrad einer Gesellschaft und ihrer Produktions-

Um 1840 Zunehmend entstehen Gewerkschaftsbewegungen, auf die wiederum das *Kommunistische Manifest* von 1848 eine große Attraktion ausübt.

mittel darzustellen. Dabei ist – wie schon in der ökonomischen Theorie – die Perspektive des Einzelnen nicht wesentlich. Weil es um ein Denken in Gruppen und Populationen geht, arbeitet Marx den Begriff der Klasse und des Klassenstandpunkts heraus. Nicht die Bewegungen des Geistes, wie Hegel gelehrt hat, sondern die Transformationen der Materie, die Bedingungen des Produktionsprozesses bestimmen den Geschichtsprozess.

In diesem System, das von dem sich raffinierenden, immer abstrakter werdenden Kapital erzählt, gibt es jedoch eine dunkle Stelle, und sie erscheint merkwürdigerweise immer dort, wo Marx die Frage stellt: *Was ist Kapital?* Die höchste Form des Kapitals ist nach Marx das Geld, das je nachdem als Geldvermögen, Kaufmanns- oder Wucherkapital erscheint. Obwohl Marx der Aristotelischen Lehre folgt, nach der das Geld eine beliebige Zuschreibung ist, finden sich immer wieder Stellen, die ihm einen quasi-religiösen Zuschnitt geben: So ist die Rede davon, dass das Geld der *eifernde Gott Israels* sei, der keinen anderen Gott neben sich dulde, der vielmehr »die Plusmacherei als letzten und einzigen Zweck der Menschheit« proklamiere. Wie ein Virus infiziert dieses Prinzip alles, mit dem es in Berührung kommt. Die Folgerung ist zwangsläufig: Insofern das Kapital notwendigerweise in die Perversion führt, muss es abgeschafft werden. An dieser Stelle freilich, wo er eine Dämonologie des Geldes errichtet, hat das Marxsche *Kapital* seine größte Schwäche: Statt einer rationalen Analyse des Geldes bietet es eine negative Theologie. Im Grunde ist hier noch immer der mittelalterliche Widerstand gegen das zinstreibende Geld am Werk. Dieser Lehre zufolge ist es unnatürlich, dass dem toten Kapital ewiges Leben beschieden ist, so unnatürlich wie der Umstand, dass es, in einem Selbstbefruchtungsakt, aus sich selbst Nachkommen erzeugt.

1883 Nach dem Tod von Marx veröffentlicht Engels zwei weitere Bände des Kapitals. Damit ist die Lehre des sogenannten *Wissenschaftlichen Materialismus* vollendet.

Der Computer

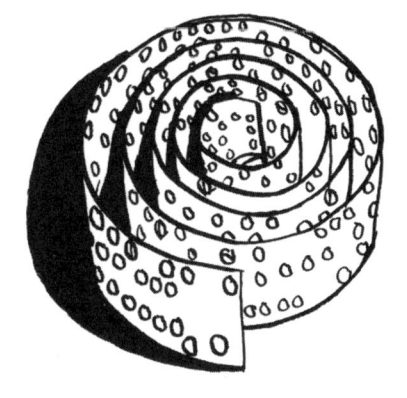

Man denkt, dass die Anfänge der digitalen Logik mit unseren materiellen Computern zu tun haben – aber das ist nicht wahr. Oder genauer: Man weiß es nicht, denn man gerät in eine Dunkelheit hinein, die genauso rätselhaft ist wie die Anfänge des Alphabets. So besehen kann alles, was dazu zu sagen wäre, nur auf einen Indizienbeweis hinauslaufen, der mehr oder minder plausibel, aber nicht beweiskräftig ist. Mit einiger Wahrscheinlichkeit hängt der Anfang der binären Logik mit der Lochkarte zusammen, die Joseph Marie Jacquard im Jahr 1804 für seinen Webstuhl entwickelte – und die Napoleons Begeisterung erregte. Mit Jacquards Webstuhl war die erste programmierbare Maschine entwickelt, eine Maschine, die sozusagen von außen, über Lochkartenprogramme, gespeist wurde. Dabei tastete eine Nadel des Webstuhls das Papier ab: Traf sie auf ein Loch, wurde der Faden gehoben, ansonsten nicht.

1890 Herman Hollerith entwirft ein Lochkartensystem, das bei der amerikanischen Volkszählung verwendet wird. Aus dieser Technologie geht schließlich, nachdem Hollerith seine Firma verkauft hat, die Firma IBM hervor.

Inspiriert von diesem Mechanismus begann ein anderer Denker, Charles Babbage (1791 bis 1871), eine Rechenmaschine zu entwickeln, die über Lochkartenprogramme gesteuert wurde. Zwar ersetzte diese Maschine Tausende von Arbeitskräften (die man bei astronomischen Berechnungen ansonsten heranziehen musste), zwar wurde sie vom englischen Parlament bezuschusst, aber dennoch war sie (zu einer Zeit, da man noch nicht über standardisierte und billige Schrauben verfügte) so kostspielig, dass Babbage seine Arbeiten schlussendlich einstellen musste. Der vielleicht größte Nachteil seiner Maschine war, dass sie noch immer nach dem Dezimalprinzip arbeitete – und dass die Übertragung von einer Zehnerreihe zur anderen mit komplizierten und störanfälligen technischen Räderwerk-Übersetzungen einherging. Gleichwohl hatte Babbage das Wesen eines programmierbaren Apparates präzise erfasst, und er schulte damit den alten Räderwerkgott, dem nur ein und dasselbe Programm zur Verfügung stand, zu einem *Diskjockey* um. Das besondere göttliche Vermögen bestand nunmehr darin, von einem Programm zum nächsten zu springen: *God is a DJ*.

Der wirkliche Durchbruch zur binären Logik gelang einem Außenseiter, dem etwas jüngeren Zeitgenossen von Babbage: George Boole (1815 bis 1864). Boole hatte den Ehr-

1936 Atanasoff und Berry entwickeln den ersten Digitalrechner. Freilich nehmen die ersten Computer erst Ende der vierziger, Anfang der fünfziger Jahre eine praktikable Funktionstüchtigkeit an.

geiz, eine Mathematik zu entwerfen, die mit allem rechnen konnte, eben nicht nur mit Zahlen, sondern auch mit Äpfeln und Birnen. Er stellte sich folglich vor, dass sich das algebraische Zeichen x nicht nur auf eine Zahl, sondern auf jedes beliebige Objekt, sagen wir ein Einhorn beziehen könnte. In seiner Vorstellung nun (und dabei sollte man nicht vergessen, dass Boole ursprünglich hatte Priester werden wollen) war die Eins die Zahl, die für das Universum stand, die Null wiederum für das Nichts. In diesem Sinne wäre das Einhorn (= x) schon dadurch präzise bezeichnet, in welchem Verhältnis es zur 0 und zur 1 stünde, wäre es mit 1 - x oder mit 0 + x hinlänglich bezeichnet. Zugleich wurde die Null zum Beweis einer *falschen*, die 1 zum Beleg einer *wahren* Aussage. Kurzum: Mithilfe der 0 und der 1 gelang es Boole, *wahr* und *falsch*, das Entweder-Oder der Logik auf eine neue Ebene zu heben.

Tatsächlich überwand die Boolesche Algebra die klassische Mathematik. Fortan war die Zahl nichts weiter als eine *Erscheinungsform*, die auf der gleichen Ebene lag wie die Klasse der Dinge, Äpfel oder Birnen. So besehen ist die Bezeichnung des Computers als *Rechner* schon irreführend, denn der Computer, der mit seiner Codierung von 0 und 1 der Booleschen Algebra folgt, rechnet nicht. Streng genommen sind die 0 und die 1 nicht mehr als Zahlen, son-

1953 Mit Fortran wird die erste höhere Programmiersprache vorgestellt. Zuvor musste der Programmierer denken wie eine Elektronenröhre, jetzt hat er eine eigene Sprache zur Verfügung, die in den Maschinencode übersetzt oder wie die Informatiker sagen: kompiliert wird.

dern als Meta-Zustände aufzufassen. Dies wird deutlich an einem kleinen Exempel, das Boole diesen beiden »Königszahlen« der Mathematik angedeihen lässt. Wenn man die 0 mit sich selbst multipliziert, kommt immer 0 heraus (0 · 0 · 0 · 0 = 0). Und das gleiche Prinzip gilt für die 1. Formalisiert man nun diese Besonderheit, so lautet das Ergebnis: $x = x^n$.

Als Boole seine Gedanken im Jahr 1853 veröffentlichte (in seiner *Investigation of The Laws of Thought. On Which Are Founded the Mathematical Theories of Logic and Probabilities*), konnte die ganze mathematische Fachwelt nichts damit anfangen. Erst fünfzig Jahre später, als Gottlob Frege die »Denkgesetze« philosophisch ausbeutete, zündete die Boolesche Logik, zunächst nur in der Philosophie, dann, mit einiger Verspätung, auch in der Mathematik. In den dreißiger Jahren begann man, darüber nachzudenken, dass man Wahrheiten automatisch produzieren könnte. Ein Denker wie Alfred Tarski gab hierfür die neue Losung aus, die Metasprache (für die als Beispiel folgender Satz herhalten musste: »Schnee ist weiß dann und nur dann, wenn Schnee weiß ist«).

Bevor die Boolesche Logik in den materiellen Computer einwanderte, ging sie aber noch durch den Kopf des britischen Mathematikers Alan Turing, der 1936 einen Text

1973 Der erste PC, der Xerox Alto, kommt auf den Markt. Dreißig Jahre zuvor hatte IBM-Chef Thomas Watson die Devise ausgeben, dass es einen Weltmarkt für höchstens fünf Computer geben könne; und noch 1977 ist der Leiter der Digital Equipment Corporation der Meinung, dass niemand einen Computer zu Hause haben wolle.

über berechenbare Zahlen (*On Computable Numbers*) verfasste. Hier entwarf er die Idee eines endlosen Papierstreifens, der sozusagen alle Programme der Maschine enthielt und von dem man von einem Programm zum anderen springen konnte. Im Grunde war dies nichts weiter als eine logische Fortentwicklung dessen, was Jacquard, Babbage und Boole gedacht und praktiziert hatten – mit dem Unterschied, dass man nun mittels Transistorröhren Speicher bauen konnte, in denen sich die Zustände einer Zahl nach Belieben manipulieren ließen. Wahr oder falsch, 1 oder 0. So wurde aus dem Computer (der zu dieser Zeit eine zumeist weibliche, unterbezahlte Hilfskraft war, die Rechenaufgaben erledigte, deren Sinn sie nicht verstand) eine Maschine, die sozusagen *intelligent* erscheinen mochte.
Tatsächlich ist die Fantasie der Künstlichen Intelligenz die vielleicht folgenreichste Wirkung des Computers – und auch sie geht auf Alan Turing zurück, der nach dem Ende des Zweiten Weltkrieges, während dessen er als Kryptologe deutsche U-Boot-Codes dechiffriert hatte, Computer zu bauen begann. Da er der Überzeugung war, dass man einen Computer nicht dafür verantwortlich machen könne, bei Schönheitswettbewerben nicht erfolgreich zu sein, konzentrierte er sich auf die Intelligenz – und formulierte ihr bis heute gültiges Kriterium. Danach ist ein Computer

intelligent, wenn es ihm gelingt, bei einem beliebigen Dialogpartner (der in einem anderen Raum sitzt) den Eindruck eines spezifischen Geschlechts zu erwecken.

Dieser Sextest sollte allerdings im Falle Turings noch ein trauriges Nachspiel haben. Denn der Computerpionier war schwul, was zu seiner Zeit durchaus keine Alltäglichkeit, sondern noch immer ein Verbrechen war. Eines Tages jedenfalls nahm er einen Stricher zu sich nach Hause und musste zu seiner Enttäuschung erleben, dass der Knabe ihn bestahl. Also rief er die Polizei. Die herbeigeeilten Polizisten interessierten sich jedoch gar nicht so sehr für den Diebstahl, sondern für die Zeitungen, die in seiner Wohnung herumlagen. Und so geschah es, dass Alan Turing eines »Verbrechens gegen die Königin« angeklagt und nach seiner Verurteilung mit Hormonen traktiert wurde. Mit Abscheu nahm er zur Kenntnis, dass ihm Brüste wuchsen – und er entschloss sich, Selbstmord zu begehen. Es ist nicht sehr wahrscheinlich, dass er, was die Todesart anbelangt, an Tarskis Wahrheitstheorie gedacht hat, vielmehr wird ihm jener Zeichentrickfilm vor Augen gestanden haben, den er 1938 gesehen hatte: Walt Disneys *Schneewittchen*. Auf jeden Fall nahm Turing, als wolle er gar nicht sterben, sondern in einem gläsernen Sarg aufgebahrt werden, einen vergifteten Apfel zu sich – und wenn er nicht gestorben ist ...

2008 Die Zahl der weltweit genutzten Computer durchbricht die Milliardengrenze.

Das Unbewusste

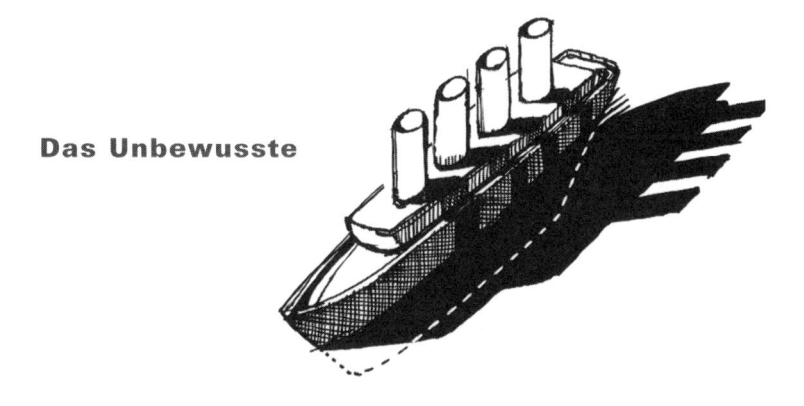

Das Unbewusste gehört zu den Denkfiguren, die, einmal in der Welt, nicht mehr aus ihr wegzudenken sind. Wenn es bei Freud heißt: »Das Unbewusste ist die Urhorde in uns«, so ist dies geradezu eine Art Gemeinplatz geworden, ein Partywitz wie die Bemerkung, dass eine Zigarre manchmal nichts weiter sei – als eine Zigarre. Und doch ist es in der Vorgeschichte seines Entdeckers eine Art Fremdkörper, wie im Übrigen das ganze Forschungsgebiet, mit dem der Medizinstudent Freud betreut wurde: die Aalforschung. Monatelang zerlegt der strebsame junge Mann Aale, immer auf der Suche nach jenem rätselhaften Aalmännchen, das es in der Meeresfauna nicht zu geben scheint (und dessen Rätsel erst 1922 aufgelöst wird, als ein dänischer Forscher entdeckt, dass der Aal erst auf dem Wege zu den Laichstätten in der Saragossasee seine männlichen Geschlechtsorgane ausbildet). Die maritime Welt macht dem jungen Freud

Um 1780 Der Wunderheiler Franz Anton Mesmer macht mit einer Theorie des Animalischen Magnetismus in Paris von sich reden. In dieser Lehre verbinden sich die neuen Phänomene von Magnetismus und Elektrizität mit den Quellen des Unbewussten und der Suggestion.

so viel Eindruck, dass er seine erste Geliebte mit dem etwas glitschigen Kosenamen *Ichthyosaura*, das heißt: *Fischsaurierweibchen*, belegt.

Zweifellos ist der junge Mann, der so viel Scheu vor dem weiblichen Geschlecht hat, dass er erst mit 30 Jahren, in der Hochzeitszeit, zum Geschlechtsverkehr schreitet, wie zwanghaft damit beschäftigt, dem Rätsel der Natur auf die Schliche zu kommen. In seinen Träumen fantasiert er sich als Kolumbus, als Entdecker, der ein tausendjähriges Rätsel auflöst. Und weil die Welt des späten 19. Jahrhunderts keine weißen Flecken mehr kennt, wendet sich Freud (der Losung der Romantik folgend: »Nach innen geht der geheimnisvolle Weg«) jenem Unbekannten zu, das im Innern liegt. Aber Freud ist kein Romantiker, sondern streng naturwissenschaftlich erzogen. Folglich seziert er das menschliche Gehirn – und versucht zu verstehen, wie es zu solchen Dysfunktionen wie einem plötzlichen Sprachverlust kommen kann, wie eine junge Frau, die des Englischen mächtig war, von einem Augenblick zum anderen diese Sprache verlieren kann. War er zuvor stets der Überzeugung, dass das Hirn eine Maschine ist, die Informationen aufnimmt, sie verarbeitet und in veränderter (vielleicht auch pathologischer) Form wieder ausgibt, so kommen ihm nun Zweifel. Die Hysterie ist in diesem Zusammenhang

Um 1800 Das Denken des Unbewussten wird in der Romantik zu einer poetischen Kraft. Alles, was mit der Nacht, dem Traum und dem Ungeheuerlichen zu tun hat, wird positiv aufgeladen.

das größte Paradox. Wenn eine Maschine nicht mehr Energie ausspucken kann, als sie aufgenommen hat – wie kommt es dann zu diesen hysterischen Zuckungen? Oder bildlich gesprochen: Wie kommt es, dass die Maschine, die definitiv ausgestellt ist, ein Eigenleben entwickelt und Fehlfunktionen erzeugt? Das ist es doch, was die Hysterie macht: Sie produziert Symptome, wo es keine Ursache gibt. Um diese Frage zu klären, wendet Freud sich den Geschichten seiner Hysterikerinnen zu, nicht aus besonderer Menschlichkeit, sondern weil die Hysterie in der Hirnforschung exakt die Position einnimmt, die dem Aal in der Naturphilosophie zukommt.

Dieses Rätsel vor Augen, entwickelt Freud in seinem vielleicht merkwürdigsten Text, dem *Entwurf einer Psychologie* (1895), ein Nervenmodell des Hirns, dessen vordringlicher Zweck darin besteht, die »hysterische Deformation« zu erklären, das aber zugleich ein neurologisches Gesamtmodell darstellt. Die naheliegende These ist, dass die Hysterie die Verdrängung eines traumatischen Erlebnisses sei: eines sexuellen Missbrauchs beispielsweise. Das Erlebnis wird verdrängt – aber es taucht an anderer Stelle, nur in umgeschriebener, verzerrter Form, wieder auf. Als Freud jedoch (wie ein Detektiv) versucht, den Wahrheitsgehalt der Erzählungen zu überprüfen, stößt er auf Ungereimthei-

1880 Der französische Neurologe Jean-Martin Charcot beginnt an der Salpetrière seine *Dienstags-Lektionen*. Hier werden Hysterikerinnen, aber auch andere Nervenleidende einem staunenden Publikum vorgeführt. Seine Patienten spielten wie auf Knopfdruck mit – nicht zuletzt auch, weil man die Performances zu fotografieren und filmen begann.

ten. Tatsächlich gibt es mehr Missbrauchserzählungen als missbrauchende Väter. Mit dieser Erkenntnis, die zugleich Freuds größte geistige Krise auslöst, kommt es zur Geburt jener Denkfigur, der Freud den Namen das *Unbewusste* geben wird. Denn in seiner Verzweiflung ersetzt Freud die Naturwissenschaft durch die Psychologie.

Wo zuvor der konkrete, messbare und naturwissenschaftlich überprüfbare Sinnesreiz war, soll nun der *Wunsch* stehen. Das ist der Hauptsatz seines ersten großen Werkes, mit dem ein neues Jahrhundert beginnt: *Die Traumdeutung* (1900). Darin schreibt er: »Der Traum ist eine Wunscherfüllung«. Aber woher kommen diese Wünsche? Sie sind, wie Freud sich dies erklärt, Überreste der menschlichen Stammesgeschichte, abgetriebene Wünsche, mit denen man sozusagen auf die Welt gekommen ist. In diesem Sinn ist dem Kind das Urdrama der Familie eingeboren (der Kleine liebt Mami und hasst Papa dafür, dass er Mama besitzt) – und zwar so, dass der bewusste Mensch keinerlei Kenntnis von diesen Urszenen hat. Sie artikulieren sich nur des Nachts und in den Träumen, dort, wo die Herrschaft des Bewussten nicht hinreichen kann. Tatsächlich legt Freud Wert darauf, dass wir dem Unbewussten niemals unmittelbar, sondern nur in chiffrierter Form begegnen. Er vergleicht es mit den russischen Zeitungen, die, von der russischen

1902 Freud gründet die Mittwochabendgesellschaft, aus der später die Wiener *Psychoanalytische Vereinigung* wird.

Zensur geschwärzt, nur in verstümmelter Form ihr Publikum erreichen. Im Grunde ist jede Art von Kultur eine solche Verstümmelung, löscht sie doch die primären Wünsche des Menschen aus – nur dass die Zensur nicht funktioniert. Denn das Verbotene kehrt wieder: »Das Unbewusste ist die Urhorde in uns«. Erinnert man sich, was der Grund war, der Freud zur Idee des Unbewussten geführt hat, so könnte man sagen, dass die Instanz des Unbewussten die Kultur selbst (mitsamt ihren Institutionen) unter Generalverdacht stellt. Im Grunde kann man nur ein »Unbehagen in der Kultur« empfinden – denn die Kultur speist uns mit Dosensuppen, Geschmacksverstärkern und Surrogaten ab, aber sie beraubt uns unserer ursprünglichen Wünsche.

1918 Mit dem Internationalen Psychoanalytischen Kongress in Budapest wird das Unbewusste (für das die Katastrophe des Ersten Weltkriegs ein Exempel geliefert hat) zu einer weithin sichtbaren Geistesströmung.

Der Aktenordner

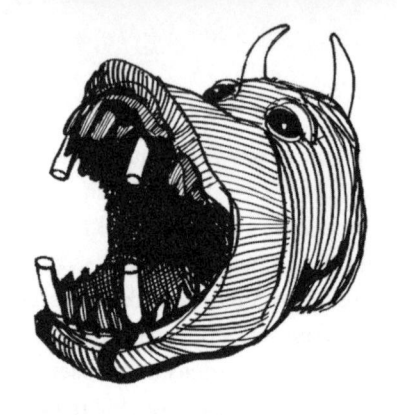

In Anbetracht der dunklen Geisteshorizonte mag es sonderbar scheinen, auf ein Lob des Aktenordners zu treffen – tritt uns die Welt der Bürokratie doch primär als Paragraphendschungel entgegen, als eine Wüstenei zweiter Ordnung mithin. Dennoch hat der große Soziologe Max Weber (1864 bis 1920) sich genau dieser Aufgabe unterzogen – und hat ein Modell der modernen Herrschaft gezeichnet. War die traditionelle Herrschaft, obwohl sie bereits einen Unterschied zwischen Amt und Träger machte, noch weitgehend ungeregelt (so war es möglich, dass man sich in ein Amt einkaufen, des Weiteren, dass dieses Amt sich zum Erbhof entwickeln konnte), basiert demgegenüber die moderne und bürokratische Herrschaft darauf, dass Entscheidungen auf geordnete Weise fallen, vor allem dass sie schriftlich fixiert sind. So kann eine Verwaltungsentscheidung, die in einer Akte dokumentiert ist, von einem Be-

Um 1750 Das Kunstwort *Bürokratie*, das den französischen Schreibtisch resp. das Arbeitszimmer (*bureau*) mit der Herrschaft (=*kratos*) verknüpft, wird vom Meyerschen Konversationslexikon von 1894 als *Schreibstubenherrschaft* übersetzt.

amten zum anderen, von einer Behörde zur nächsten wandern – sie bleibt ihrem Wesen nach transparent. Es ist gleichsam, als ob der Leviathan – als Sammelperson – diesen Akt ausgeführt hätte. Genau dies macht den Unterschied zu jenen »Bananenrepubliken« aus, bei denen die Entscheidungen, undokumentiert, in den Bereich des Hörensagens und des Halbwissens fallen, wo nicht berufsmäßig bestallte Amtsträger, sondern allzu häufig Tisch- und Bettgenossen, Vertraute oder Bedienstete mit dieser oder jener Aufgabe betraut werden – auf Zuruf oder weil es gerade so passt.

Die Herrschaft, die Max Weber im Blick hat, sollte *monokratisch* geordnet sein, das heißt keine Zweideutigkeiten und Kompetenzüberlagerungen kennen. Denkt man sich die Behörde als eine große Textmaschine, so hat man es mit Dokumenten zu tun, die von bestimmten Instanzen, die unterschiedliche Schreibrechte haben, bearbeitet werden können. Scheidet der Beamte X aus, tritt ein entsprechend qualifizierter Ersatzmann an seine Stelle. Darüber hinaus sind an den Text selbst (den Verwaltungsvorgang) bestimmte Regeln geknüpft. So kann eine Akte nach *Wiedervorlage* verlangen – mit der Folge, dass sie automatisch, zu einem bestimmten Zeitpunkt, wieder auf dem Tisch eines Beamten erscheint. Schon dieser Vorgang zeigt eine

1794 Das Preußische Allgemeine Landrecht regelt das Verhältnis von Staatsdiener und Staat – und erzeugt mit dem Berufsbeamten einen leibhaftigen Aktenordner.

Veränderung der Macht: Denn es liegt nicht mehr in der Hand des einzelnen Beamten, ob dies geschieht, sondern hat mit dem Regelwerk zu tun, die dem Text (der Verwaltung) selbst innewohnt. Dieser Automatismus hat zweifelsohne eine gespenstische Dimension, die wohl kein Schriftsteller so präzise erfasst hat wie Kafka, dessen Romane so etwas wie Innenansichten wahnsinniger Bürokratien sind. Max Weber freilich sieht in diesem *bürokratischen Monster*, das fünf niemals gerade sein lässt, keinen Moloch, sondern schreibt der Bürokratie Rationalität und Sachlichkeit zu. Das sah Lenin ähnlich, als er, die Pläne für eine Revolution im Gepäck, nach Russland aufbrach und sich ausgerechnet die Deutsche Reichsbahn, dieses Muster an Effizienz und Ordentlichkeit, als Vorbild für die revolutionäre Bürokratie nahm.

Welche grotesken Züge die modernen Bürokratien auch immer angenommen haben, sie sind der historische Vorläufer für das, was auf unseren Computern läuft – und was man als *Betriebssystem* bezeichnet. Auch hier gibt es eine Registratur (die *Registry* heißt), auch hier werden Veränderungen dokumentiert, auch hier kann es, wenn der Kalender es so will, zu einer Wiedervorlage eines spezifischen Dokuments kommen – nur dass die Ausführung nicht mehr von einem Bürokraten, sondern von der Maschine

1886 Friedrich Soenneken, der zugleich auch als Erfinder des Lochers gilt, entwickelt den ersten Aktenordner, der von Louis Leitz in seiner *Werkstätte zur Herstellung von Metallteilen für Ordnungsmittel* zum berühmten Leitzordner weiterentwickelt wird.

besorgt wird. Auch die Texte, die sich im Internet finden, haben sich die Intelligenz der Aktenführung einverleibt: So ist ein Text in der *Wikipedia* eben nicht nur dieser oder jener Lexikoneintrag, der nicht selten von mehreren Autoren zusammen verfasst worden ist, sondern er trägt darüber hinaus auch seine Geschichte mit sich: Man kann die Veränderungen verfolgen, die er erlebt hat, man kann an den protokollierten Diskussionen nachvollziehen, warum und aus welchen Gründen diese oder jene Änderung vollzogen worden ist.

1922 Max Webers posthum erschienenes Werk *Wirtschaft und Gesellschaft* singt das Loblied der Bürokratie, in einer Zeit freilich, die sich schon deutlich verdunkelt hat.

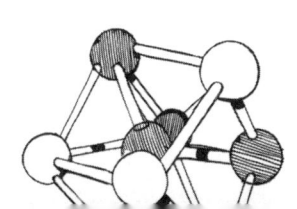

Die Bombe

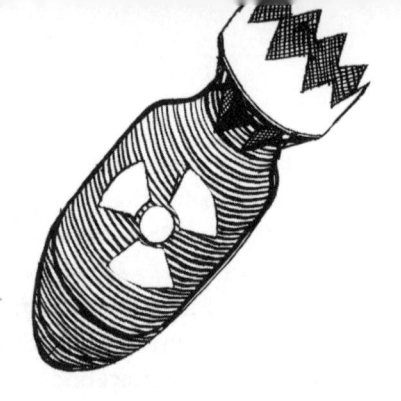

Was hat die Bombe in einer Geschichte der großen Ideen zu suchen? Vielleicht muss man größenwahnsinnige, also notorisch schwachbrüstige Menschen fragen, um eine Antwort darauf zu bekommen. Die Lösung ist so einfach wie nachvollziehbar: Der, der die Bombe besitzt, besitzt im Konzert der Mächtigen eine Stimme. Er ist satisfaktionsfähig. Die Bombe ist, wovon die Mächtigen immer geträumt haben: *Res publica*, der Staat in Dingform, die Mutter der Nation. Genau darin liegt das Neuartige, das so unerhört ist wie das mittelalterliche Transsubstantiationswunder, die Behauptung, dass der Leib Christi nicht mehr bloß von der Oblate dargestellt wird, sondern dass er es in diesem Augenblick tatsächlich *ist*. Auf die gleiche Weise wird der Staat zu einem Ding. Wie ungeheuerlich diese Verdinglichung ist, kann man vielleicht nur ermessen, wenn man sich in die Zeit davor zurückversetzt, wenn man also die

1934 Der ungarische Physiker Leo Szilard sieht, im Nachdenken über eine radioaktive Kettenreaktion, die Möglichkeit einer Atombombe.

Welt aus den Augen eines französischen Königs anschaut, der gerade von einem Untertanen, dem er eine Wohltat erwiesen hat, zu hören bekommt: »Monsieur, auch Sie sind nur ein Zeremoniell.« Die absolute Macht hingegen, die den Massenmord mit einem Knopfdruck zu bewirken mag, ist etwas anderes – und vielleicht hat es der wild gewordenen Kleinbürger, der Hitlers und Stalins bedurft, um das Zeremoniell real werden zu lassen. Genau das ist die Hauptgewissheit, in der sich die Besitzer der Bombe wiegen können. Ihre Macht ist real, eingeschmolzen auf die Essenz. Nimmt man die wesentlichen Ingredienzen einer Atombombe, so ist, was man vor sich hat, kaum größer als eine Autobatterie. Sieht man hingegen, dass von den Menschen, die ihre Wirkung kennen gelernt haben, nichts weiter geblieben ist als ihr Schatten, den der tödliche Lichtblitz von Hiroshima in die Erde eingebrannt hat, so fällt es schwer, dieser Katastrophe auch nur einen Namen zu geben. Die Bombe ist die Steigerung der Macht ins Ungeheuerliche. Denn nun ist der *Mortal God* des Thomas Hobbes kein Gedankenkonstrukt mehr, sondern eine Tatsache.

Vielleicht muss man, um die Bombe zu begreifen, nicht in die Augen ihrer wahnsinnigen Besitzer schauen, sondern die Logik des Dings in Augenschein nehmen. Am Anfang steht der Wettlauf. Die Amerikaner haben erfahren, dass

1938/39 Otto Hahn, Lise Meitner und Fritz Strassmann entdecken die Kernspaltung.

Nazi-Deutschland an einer Wunderwaffe arbeitet. In Windeseile, in der vielleicht größten Geheimoperation aller Zeiten, wird eine gigantische Forschungsmaschinerie aufgestellt. So werden beispielsweise die Direktoren der amerikanischen Chemie-Gesellschaft Dupont zu einem Treffen einberufen. Man brauche im nationalen Interesse ihre Mitarbeit – und diese Mitarbeit könne gefährlich sein, es könne das Ende der Firma bedeuten. Auf der Rückseite des Papiers stünden die Einzelheiten. Und was machen die Direktoren? Sie lassen das Papier unberührt. Die Menschen, die am Manhattan Project arbeiten, haben keinen Namen für die gemeinsame Sache, ganz abgesehen davon, dass einige bezweifeln, ob sie funktionieren wird. Man nennt sie das *Ding*. In Russland wird man, ganz offenbar um der Sache den Anstrich der Werktätigkeit geben, von dem *Produkt* sprechen. Als das Flugzeug zu seinem Todesflug nach Japan aufbricht, hat das Ding endlich einen Namen: *Trinity, Dreifaltigkeit*.

Als in der Nachkriegszeit das Gleichgewicht des Schreckens beginnt, wird sichtbar, dass die Bombe nicht nur eine materielle Kernspaltung bewirkt, sondern auch das bislang für unverbrüchlich Genommene aufspaltet. Wenn eine Bombe fällt, so bewirkt sie, dass in ihrem Umkreis kein Auto mehr funktioniert, dass die Telefonleitungen tot sind. Wie

1942 Das Manhattan Project versammelt Hunderte von Wissenschaftlern (darunter auch Leo Szilard), die in Los Alamos unter konspirativen Bedingungen eine Atombombe bauen sollen.

aber kann der Präsident eines Landes dann wissen, dass sein Land gerade einen tödlichen Schlag erlitten hat? Weil er das mit den gegebenen technischen Mitteln nicht wissen kann, beginnt jene Politik des Himmels, schickt man Satelliten ins All, die schon prophylaktisch jede Flugbewegung festhalten. Um die Unzahl der Daten zu verarbeiten, befördert man den Bau gigantischer Computersysteme. Gleichzeitig wird ein Forscherteam mit der Aufgabe betraut, das Problem der *Kommunikationsfinsternis* zu lösen. Der Lösungsweg, der sich hier abzeichnet, ist durchaus eindeutig. Denn so lange noch irgendein Faden zur Zentrale besteht, lässt sich die Nachricht übermitteln. Wie aber kann man im Gewirr der Leitungen diesen Weg finden? Dies geht nur, indem der Absender eine Rückmeldung darüber bekommt, ob die Nachricht auf diesem oder jenem Weg hängengeblieben ist. Allerdings geht eine analoge Nachricht, die mehrmals kopiert wird, im Laufe der Zeit im Rauschen unter. Das neue Kommunikationssystem durfte also nicht mehr analog, sondern es musste *digital* sein. Die Nachricht musste also immer *wie neu*, im jungfräulichen Zustand, zum Absender zurückkommen. Was hier entworfen wird, ist nichts anderes als das Internet. Es waren jedoch nicht die amerikanischen Militärs, sondern zunächst Zivilisten, die sich dafür begeistern konnten – und so wurde aus dem

1948 Nachdem die Sowjets die Wasserstoffbombe gezündet haben, beginnt das SAGE-Projekt die computergesteuerte amerikanische Luftüberwachung. 1957/58 werden die ersten Satelliten ins Weltall geschickt.

militärischen Arpanet 1968 jenes Forschungsnetz, das wir heute als das Internet kennen.

Was das mit der Bombe zu tun hat? Ach, die Wirklichkeit ist viel zu sonderbar, um nicht erzählt zu werden. Wie zum Beispiel wurde Douglas Engelbart, der den ersten Internetknoten errichtete, der aber auch als *Erfinder der Maus* in die Computerannalen einging, ein Computerpionier? Es war im August 1945, und der junge Gefreite befand sich auf einem Schiff, das den Hafen von San Francisco verließ – da kam die Nachricht vom Abwurf der Atombombe. Natürlich wollten alle Soldaten gleich heim, stattdessen wurden sie in den Pazifik geschickt. Dort las der junge Soldat einen Text, den ein gewisser Vannevar Bush verfasst hatte. Da ging es um die Art, wie künftige Generationen denken würden – und der Text war gerade so etwas wie eine Prophetie. Er beschrieb im Wesentlichen das, was wir heute mit unseren *Desktops* vor uns haben – ein Text, der dem jungen Soldaten *blitzartig* klar machte, was seine Zukunft werden würde. Dabei wusste er gar nichts über die Vergangenheit des ihm unbekannten Verfassers. Vannevar Bush war niemand anderer als derjenige, der die wissenschaftliche Koordination des Atombomben-Projekts geleitet hatte.

1964 Paul Baran veröffentlicht seine Netztheorie, die das Problem der Kommunikationsfinsternis lösen soll – ein Grundstein des Arpanets, des späteren Internets.

Sex

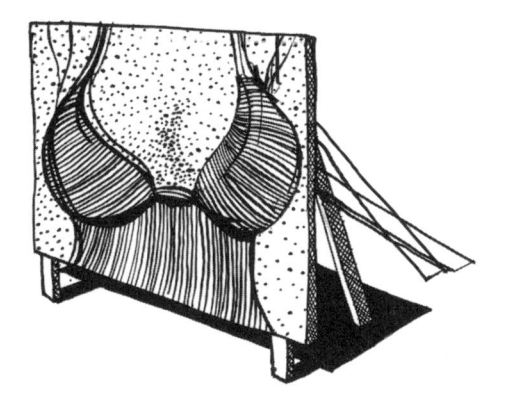

Welche Enttäuschung! Da hat man sich dieses Buch gekauft, das nicht nur über die Abgründe der Philosophie, sondern auch über den Sex aufzuklären verspricht, und was passiert? Da wird einem schlankweg ins Gesicht gesagt, dass von einer Sache erst dann die Rede ist, wenn sie nicht mehr stattfindet. Das ist – wie der Autor mitfühlend eingesteht – wahrhaft deprimierend, ergeht es uns damit wie jenem Mann, der nur einen Damenschuh wollte, aber dann mit einer Frau vorlieb nehmen musste. Und wir, die wir nichts weiter wollten als schnellen und schmutzigen Sex – wir werden mit Gerede abgespeist. Oder wie die kleine Zazie in der Metro gesagt hat: »Du quasselst und quasselst und quasselst – und das ist alles, was Du kannst« (womit sie vielleicht die letzte aller Geschlechtskrankheiten entdeckt hat: die Logorrhöe, das nicht enden wollende, hochinfektiöse Gequatsche über den Sex). Aber vielleicht ist gerade dies

Um 1830 Die soziale Phalanx des Charles Fourier, die auf eine Ökonomisierung der Lust und der Sexualität hinausläuft, gewinnt weithin Beachtung.

der Grund, die Frage zu stellen, warum dies so ist, warum der Sex sich aus unserem Leben verabschiedet und stattdessen eine Karriere als Verkaufsleiter begonnen hat. Und diese Karriere nahm nicht erst mit den Produktmanagern von *Sex and the City* ihren Anfang, sondern sie geht weit zurück. Schon das Mittelalter kennt moralische Breviere, welche die jungen Mädchen daran erinnern, ihr »Schatzkästlein« nicht an den Nächstbesten zu verschleudern, sondern möglichst gewinnbringend zu investieren.

Erst mit der Aufklärung wird dem Sex die Ehre zuteil, in die Höhe der Gesellschaftstheorie aufzusteigen – und hier sind insbesondere die Herren de Sade und Fourier zu erwähnen. Hat sich de Sade schon zu Lebzeiten den Ruf eines Wüstlings erarbeitet, so kann sich Fourier, der als entsagungsvoller Blumenliebhaber und Verehrer kleiner Lesbierinnen in die Geschichte eingegangen ist, das Ruhmesblatt anheften, den Sex als ökonomisches Schmiermittel entdeckt zu haben. Allerdings ist die Lektüre dieser Sexualpioniere nicht immer luststeigernd: Den Leser beschleicht eher das Gefühl, dass man es hier mit dem Anfang vom Ende zu tun hat. De Sade ist von brutaler Eindeutigkeit, seine Texte lassen den Leser darüber rätseln, ob die gleichschenkelige Ungarin nicht nur ein moralisches, sondern vor allem ein geometrisches Problem darstellt (das nur aus

1850 Die Sexualität führt im viktorianischen Zeitalter notgedrungen ein Doppelleben. Offen verpönt, verbirgt sie sich in tausenderlei Gestalten, in Romanen wie Sacher-Masochs *Venus im Pelz*, aber auch jenen Geheimgesellschaften, in denen man alle Hüllen fallen lässt, nur nicht die Maske.

diesem Grund von einem syphiliskranken Gärtner aus der Welt geschafft werden muss). Bei Fourier wiederum, der zu einem Frontalangriff auf die bürgerliche Scheinmoral bläst und die Perversionen einer Gesellschaft zu Landmarken adeln möchte (zu Aussichtspunkten sozusagen, zu denen die Novizen pilgern), erweist sich der Sex, in schöner päderastischer Tradition, als bevorzugtes Ertüchtigungsinstrument. Folglich hält er sich nicht mit der Schilderung sinnesfroher Begegnungen auf, sondern entwickelt den Plan, die Sahara zu bewässern – und all dies ohne Einsatz größerer Finanzmittel. Man müsse den männlichen Arbeitern nur verlockende Jungfrauen, den weiblichen die entsprechenden Lustknaben in Aussicht stellen. Die Männer werden in Frauen, die Frauen in Männern bezahlt – und um die Alten kümmert sich eine Institution, die man eine sexuelle Fürsorge nennen könnte.

Im 19. Jahrhundert, im *victorianischen* Zeitalter, das sich anschickt, die beiden Geschlechter einer gründlichen Entsexualisierungserziehung zu unterwerfen, sind beide Denker so unerhört, dass der eine (de Sade) in der Irrenanstalt stirbt, der andere von der Verehrung seiner Anhänger erstickt wird (die nur seine sozialistischen Parolen übernehmen, das Programm des bedingungslosen Grundeinkommens etwa, nicht aber seine Thesen zur Sexualität). Aber

Um 1900 Die Sexualwissenschaft entsteht. Denker wie Magnus Hirschfeld, aber auch Richard von Krafft-Ebing mit seiner *Psychopathia sexualis* erlauben einen neuen Blick auf die Vielgestaltigkeit der Sexualität.

aufgeschoben ist nicht aufgehoben, und tatsächlich ist es der Kapitalismus selbst, der das Denken Fouriers revitalisiert. Denn was ist die Losung, die unsere Werbemanager propagieren: »Sex sells!« Das klingt so wahr wie der Umkehrschluss, »Geiz ist geil«. Mit dieser Sexualisierung der Ökonomie, die das Werk de Sades und Fouriers gleichermaßen rehabilitiert, tut sich aber ein gewisser Erklärungsnotstand auf. Denn ganz unzweifelhaft hat sich ein Bedeutungswandel ereignet, scheint es, dass das Geld – das als Batzen Gold eine dingliche Wahrheit gewesen war – irgendwie geil geworden ist. Wäre man beispielsweise ein Marsmensch, der unsere kleine Welt schon einmal im späten 19. Jahrhundert besucht hat (als bekanntermaßen der UFO-Wahn begann) und heute zu einer *sentimental journey* zum Ort der Erinnerungen zurückkehrte, ließe sich der Unterschied noch deutlicher ausmalen. Denn unser außerirdischer Freund würde sich der Empfindung, in einen universalen Sexshop hineingeraten zu sein, kaum erwehren können. Wenn selbst der Aktenordner nurmehr verkäuflich ist, wenn man ihn mit der Aussicht auf eine schöne Sekretärin verkoppelt, ja, wenn sich die Produkte in einer erotischen Stimmung verflüchtigen, so besagt dies, dass nicht mehr ein Ding das Universalgut ist (das Edelmetall), sondern – der Sex. Wir leben halt nicht mehr, wie ein Öko-

1945 Der Psychoanalytiker Wilhelm Reich (maßgeblich von Fourier beeinflusst) veröffentlicht *Die sexuelle Revolution* (schon 1936 verfasst). In der Folge gibt es große und weithin beachtete Studien zur Sexualität (*Kinsey-Reports* etc.).

nom sagen würde, in den schönen Zeiten der Golddeckung. Wäre das Wort *Manndeckung* nicht schon so eindeutig besetzt, wäre es tauglich – so aber behelfen wir uns mit der Feststellung, dass die Menschen zu Humankapital geworden sind (zu einer lebendigen Münze mithin).

Wenn wir heute von »Aufmerksamkeitsökonomie« sprechen, so ist dies nur die elegante Umschreibung des Umstandes, dass die sexuelle Revolution auch unsere Ökonomie nicht verschont hat. Was eigentlich, so lautet ihre Grundfrage, ist ein Gut? Haben frühere Zeiten, denen es an allem Erdenklichen mangelte, ihr Heil nur in materiellen Gütern gesucht, so hat die Überflussgesellschaft klar gemacht, dass die entfesselte Produktion von Ramschartikeln keinen Lustgewinn mehr verspricht. Und weil auf der Seite der Waren ein heilloses Überangebot herrscht, wird nun die Aufmerksamkeit des Konsumenten zum ordnenden Faktor. Wenn er bestimmte Markenzeichen wiedererkennt und ihnen eine bestimmte Qualität zuspricht, ist dies gleichsam ein mehrwertstiftender Akt. Ein Wort wie *Markenpiraterie* besagt, dass der Wert eines Produktes nicht mehr in sich selbst, sondern in den Fantasien besteht, die es im Konsumenten auslöst. Was besitze ich denn, wenn ich ein T-Shirt mit dem Aufdruck *Calvin Klein* oder *Dolce & Gabbana* trage? Zweifellos ist der Fetzen weißer Baum-

1962 Die ehemalige Pilotin Beate Uhse, die ihre Karriere als Geschäftsfrau einem Aufklärungsbrevier mit dem Titel *Schrift X* verdankt, eröffnet den ersten Sex Shop (in Flensburg).

wolle, der diesen Schriftzug trägt, als solcher nicht wertvoll, wertvoll ist nur die Fantasie, die sich darin ausdrückt. Die Aufmerksamkeit selbst ist zum letzten knappen Gut geworden.
Alle Objekte, die uns umgeben, sind seriell und kopierbar, unser Blick und unsere Wahrnehmung jedoch nicht. Versteht man die Aufmerksamkeit als das knappe Gut, lassen sich viele Dinge leicht analysieren, begreift man, warum *Aufmerksamkeitsmillionäre* mit großzügigen Werbeverträgen und *Publikumsmagneten* für ihre bloße Anwesenheit bezahlt werden. Und was ist die Steigerung, was ist Aufmerksamkeit in höchster Dosierung anderes als Begehren? Sex sells! Jetzt mögen Sie als Romantiker fragen: Und der Sex, der wirkliche Sex? Es gibt Leute, die glauben, dass man ihm zum Winterschlussverkauf trifft, aber wenn ich mich recht erinnere, ist er schon beim ersten Versuch durch die Zwischenprüfung gefallen.

1968 Mit der Studentenbewegung wird die sexuelle Revolution straßentauglich. Zur gleichen Zeit entwickelt sich in der Ökonomie der Begriff des *Humankapitals*.

Information

Zweifellos: Wir leben in einer Informationsgesellschaft – und es scheint, als ob sie der alten Buchgesellschaft den Rang abgelaufen hat. Einige besonders gut informierte Zeitgenossen schrecken nicht einmal davor zurück, die Zeiträume fixieren zu wollen, in denen sich das Wissen der Welt verdoppelt (Jürgen Rüttgers!), ohne freilich zu bedenken, dass sich damit auch die Halbwertzeit des Wissens verkürzt. Überhaupt ist die *Information* ein doppelköpfiges Wesen: Verspricht sie mir einerseits Aufklärung, so ist es doch mehr als fraglich, ob es mein Informationsbedarf ist, der dazu führt, dass wildfremde Menschen mich telefonisch heimsuchen oder mir Hunderte von sinnlosen E-mails zuschicken (»Impress your Wife: VIAGRA!«). Tatsächlich ist das Doppelköpfige des Begriffs schon mit seiner Entstehung verbunden, erscheint die Information stets mit einer dunklen Zwillingsgestalt im Gefolge: der Redundanz (also

1877 Ludwig Boltzmann formuliert mit der Entropie (also dem Maße der Unordnung, genauer: des Wärmeverlustes) eine Theorie, die es erlaubt, bestimmte Systemzustände festzuhalten. Wenn auch auf häufig missverständliche Weise, wird sie für den frühen Informationsbegriff – der zwischen dem Zeichen und dem Rauschen oszilliert – grundlegend.

der überflüssigen Information, dem Rauschen, der Störung des Kanals).

Was aber ist Information? Die lateinische Form *in-formare* meint die *Ein-Formung*, und wie man leicht sehen kann, stellt sich die Information in die Tradition des *Eindrucks* (das heißt: der Drucktechnik). Erinnern wir uns an den Webstuhl Jacquards, der von Lochkartenprogrammen betrieben wurde, könnte man Information als die Entscheidung auffassen, ob an dieser oder jener Stelle ein Loch eingestanzt werden soll oder nicht. Damit wäre das Grundmaß der Information die binäre Logik – und in der Tat bezieht sich die Behauptung von der Wissensverdopplung nicht auf den Informationsgehalt des vermeintlichen Wissens, sondern auf die messbare Information, also auf Bits und Bytes. 1 Bit, das ist die kleinste denkbare Informationseinheit und sie besagt: Loch oder Nicht-Loch, Wahr oder Falsch, 1 oder 0. Ein Byte besteht aus 8 Bit, ein Kilobyte hat 1024 Byte – und so steigert es sich in die Unvorstellbarkeiten von Terra-, Peta-, Exabyte, aber all dies sind nur Verdichtungen jenes einen Bibel-Satzes: »Deine Rede sei Ja, Ja, Nein, Nein – und was darüber ist, ist von Übel.«

Dieser Selbstbescheidung folgend, entsteht der Informationsbegriff nicht auf der Seite des Wissens, sondern ist sozusagen von der informationsverarbeitenden Maschine-

1948 Der Kybernetiker Norbert Wiener, der sich als wissenschaftliches Wunderkind nicht nur in der Biologie, sondern auch in der Mathematik betätigt hat, propagiert den Begriff der *Informationsgesellschaft*. Dass der *Kybernetiker* (griech. der *Steuermann*) die Führung dieses Gemeinwesens übernehmen sollte, versteht sich von selbst.

rie her gedacht. Folglich beschäftigt sich der Mathematiker Claude Shannon in seinem Aufsatz *Mathematische Theorie der Kommunikation* (1948) vor allem mit der Informationsübermittlung, der Frage, wie eine Botschaft von einem Sender kodiert, in einen Kommunikationskanal eingespeist und am Zielort dekodiert und dem Empfänger übermittelt wird. Diese Vorstellung von Information hat also mit dem Gehalt nichts zu schaffen, sondern versucht nur zu berechnen, ob die Botschaft ungestört ihr Ziel erreicht – und wie viel davon vom Rauschen des Kanals geschluckt wird (eine Frage, die mit der Digitalisierung hinfällig geworden ist). Tatsächlich ist der Mensch Shannon interessanter als sein Beitrag zur Information. Nicht nur, dass man ihn mit einem Einrad und jonglierend in den Gängen seines Instituts herumfahren sah, darüber hinaus machte er sich als Erfinder einer Jongliermaschine, eines raketengetriebenen Frisbees, einer Maschine zum Gedankenlesen und eines Schachcomputers einen Namen. Zwar ist nach ihm das *Shannon* benannt, das den Informationsgehalt einer Nachricht misst, aber diese rein quantitative Betrachtung der Information bleibt letztlich höchst fragwürdig – denn auch die sinnlosen E-mails in vielfacher Ausfertigung verstopfen meine Festplatte in einem Maße, dass ich mich frage, ob sich nicht vielleicht die Welt-Idiotie weit schneller verdoppeln mag

1982 Der Computer wird vom Time Magazine zum *Mann des Jahres* gewählt.

als das Weltwissen. Zudem sagen die meisten Begriffsdefinitionen, dass als informativ nur gilt, was *Neuigkeitswert* hat. Dies aber heißt: Dieser oder jener Meldung wohnt überhaupt nur eine zeitlich begrenzte Haltbarkeit inne. Läuft sie ab, erledigt sich die Nachricht sozusagen von selbst.

Informationsgesellschaft bedeutet zunächst einmal nichts anderes, als dass eine Gesellschaft mit digitalen, folglich schnell transportablen Gütern operiert – vor allem, dass viele Objekte nicht mehr in materieller Form, sondern gleichsam als Text erscheinen. Damit aber sind wir wieder bei der Betrachtung des Jacquardschen Webstuhls angelangt. Im Grunde ist hier eine Spaltung zwischen der Maschine und ihrer Intelligenz eingeführt, zwischen Hardware und Software. War den früheren intelligenten Maschinen (den Räderwerken) die Intelligenz eingebaut, und zwar so, dass die Maschine nur ein- und dasselbe Programm ausführen konnte, so kann sich der Webstuhl, wenn er das Lochkartenprogramm wechselt, in eine *andere* Maschine verwandeln. Dies wiederum bedeutet, dass sich die Entwicklung neuer Maschinen beschleunigen kann – vor allem: dass man es mit immateriellen Maschinen (mit Programmen) zu tun hat. Damit aber haben wir eine Veränderung erster Ordnung vor uns, die auch die Gesellschaft eine andere werden lässt.

1990 Tim Berners-Lee schafft den ersten WebBrowser und die HTML-Spezifikation – und popularisiert damit das Internet.

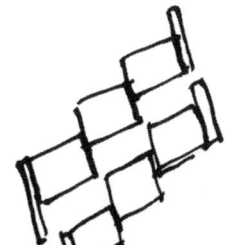

Was aber bedeutet es für den Einzelnen, wenn er informiert wird? Und vor allem: Seit wann ist dies der Fall? Will man diese Frage beantworten, so muss man in eine Welt zurückgehen, die mit dem Informationsbegriff nicht schon mathematisch umgeht, sondern die sich – *nolens volens* – die Information auf den Leib schreibt. Es ist das Jahr 1746. Wir stehen auf einem großen Feld und sehen, wie sich dort 600 Mönche mit Eisendraht verkabeln. Einer von ihnen berührt ein merkwürdiges Gefäß, das mit Wasser gefüllt ist und aus dem eine Art Antenne herausragt. Und was passiert? Die verkabelten Mönche beginnen konvulsivisch zu zucken. Dieses Arrangement ist kein okkultes Ereignis, sondern ein streng wissenschaftliches Experiment. Denn bei dem Gefäß, das hier zum Einsatz kommt, handelte es sich um die Leydener Flasche, einen Kondensator, der ein bestimmtes Quantum Strom speichern kann. Die dem Experiment zugrundeliegende Frage lautete: Wie schnell bewegt sich die Elektrizität? Gibt es hier vielleicht, wie in den Fußballstadien dieser Welt, eine La-Ola-Welle? Die Antwort ist klar: Nein. Die Elektrizität fließt in Echtzeit, ohne Phasenversatz. Folglich sind die Mönche zur gleichen Zeit *informiert*, vor allem aber bilden sie etwas, was es nie zuvor gegeben hat: ein vernetztes Masse-Aggregat, einen Kollektivkörper. Damit aber sind wir dem Rätsel der Informationsgesellschaft, vor allem seiner Verwurzelung in der Geschichte, einen entscheidenden Schritt näher gekommen: Denn schon seit dem 18. Jahrhundert, mit der sich beschleunigenden Presse, mit der Telegraphie, mit Telephonie, Radio, Fernsehen nähert sich unsere Gesellschaft der Gemeinschaft der verkabelten Mönche immer mehr an – und mit dem Internet ist eine Dimension erreicht, die einem das Gefühl gibt, dass die Weltintelligenz überall gleichzeitig sein kann, dass ich mit allem und jedem verbunden bin, ein Massemensch und Globalist.

2003 Mein Sohn über einen Klassenkameraden: »Auch so'n Copy-Paster ...«

Die DNA

Weil wir mit dem ABC begonnen haben, ist es durchaus naheliegend, die kleine Geschichte der großen Gedanken mit der DNA zu beenden – oder dem persönlichen Eingeständnis, dass ich nicht an die DNA glaube. Warum ich das sage? Vielleicht nur, um zu unterstreichen, dass es sich bei der DNA um eine *Glaubensfrage* handelt und dass die DNA für uns heute jene Bedeutung hat, wie sie das Gottesurteil für die Menschen des Mittelalters hatte. Das sagt durchaus nichts gegen die naturwissenschaftlichen Erkenntnisse, auch nichts gegen den Wissensmehrwert, den wir diesem Modell verdanken. Wenn der Einwand eine Richtung hat, bezieht er sich auf jenen Punkt, wo die Genetik ihre eigenen Grenzen überschreitet – wo sie zu einem Glaubenssystem wird, das die strengen Gesetze der Aufklärung unterläuft. Aber genau dies scheint ein wesentlicher Antrieb zu sein, ist es doch so viel attraktiver, auf irgendeine

1950 Erwin Chargaff formuliert die Paar-Logik der Basen AD-GT – und sieht zu, wie seine Schüler Watson und Crick mit ihrer Doppel-Helix-Metapher (1953) zu Weltstars werden.

vermeintliche Naturtatsache als auf die menschliche Einbildung zu bauen.

Ich erinnere mich: Irgendwann, es war kurz vor dem Fall der Mauer, fand ich mich im New Yorker Apartment eines älteren jüdischen Wissenschaftlers wieder. Er war der letzte einer Reihe von Wissenschaftlern, mit denen ich über Künstliche Intelligenz geredet hatte, vor allem aber war er der Lehrer jener beiden Männer, Watson und Crick, die im Jahre 1953 der Welt der Wissenschaft das Modell der Doppelhelix vorgestellt hatten. Dass ich meinerseits (der von Biologie und Chemie so überaus wenig versteht) zu dieser Reise aufgebrochen war, hatte seinen Grund darin, dass ich im Tonstudio gestanden – und auf dem Display eines Samplers das Wort *Hybrid* gelesen hatte. Und plötzlich war da die Erkenntnis: Das, was du hier tust, ist im Grunde eine genetische Operation, du zerlegst Zeichenketten und setzt sie neu wieder zusammen. Gewiss, es sind keine Lebewesen, die du klonst, aber es sind doch menschliche Stimmen (die vielleicht mehr als irgendein Körper den Ort der Seele beschreiben). Und weil ich diesen Zusammenhang verstehen wollte, saß ich nun in dem schönen, etwas altmodischen Apartment über den Dächern Manhattans und hörte diesem kleinen Mann zu, der sich sein Leben lang der Biochemie verschrieben und die Entdeckung der DNA vorbe-

1990 Das Human Genom Project (HUGO) soll den genetischen Code der Menschheit entschlüsseln. Schon 1992 kommt es zu Differenzen, der designierte Leiter Watson verlässt das Projekt, weil er es ablehnt, Gensequenzen patentieren zu lassen.

reitet hatte, der aber nun, da er den Ergüssen seiner Schüler zuzuhören genötigt war, nur auf die verächtlichste Weise von diesen »Genpanschern« sprach. Und all die alten Bücher an der Wand, die vor allem Barocklyrik und die Schönheit des Grauens versammelten, nickten andächtig – und manche, die an der Kette lagen, begannen zu knurren.

Wenn ich ehrlich bin, so verstehe ich diesen Widerwillen – ebenso wie ich die Faszination verstehe, die von der Genetik ausgehen kann. In der DNA verbinden sich zwei kulturelle Traditionen. Zum einen ist da die nicht zu befriedigende Neugierde, die Europa seit der Antike heimgesucht hat, der Wunsch, die Natur zu verstehen und zu kontrollieren. Der zweite Impuls ist die Suche nach einem Schriftsystem, nach dem »Schreibstift der Natur«, wie dies ein Denker des 19. Jahrhunderts gesagt hat. Dass man im Verlauf dieser Suche immer intelligentere Schriftsysteme ersonnen, dass man das Alphabet um den Buchdruck erweitert, die Lettern durch Löcher und durch binär codierte Ladungen ersetzt hat, zeigt, dass diese Suche dem Geist durchaus förderlich war. Trotzdem bleibt die Frage: Was kommt zuerst? Und weil es hier nicht um Henne und Ei, sondern um Schrift und Naturwissenschaft geht, ist die Frage keineswegs unentscheidbar. Denn so wie das Alphabet der griechischen Naturphilosophie vorausgeht, so geht der DNA

Ab 1995 Die Firma Monsanto, die schon während des Vietnam-Kriegs als Lieferant von chemischen Waffen tätig war *(Agent Orange)* steigt in das Geschäft mit gentechnisch modifizierten Lebensmitteln ein. In Kürze wird sie zum Hauptanbieter, der rigoros seine Interessen vertritt.

der Informationsbegriff voraus. Tatsächlich trägt der Aufsatz, mit dem Watson und Crick der Fachwelt ihr genetisches Modell vorstellten, den Titel *Letters to Nature?* Und liegt nicht schon in diesem Titel die Behauptung versteckt, dass die genetischen 4-*letter-words* (*AGCT*) der Natur vorausgehen? Ist also die Natur nichts weiter als die Realisierung eines genetischen Programms, das man – als Schriftstück – ebenso gut umprogrammieren könnte?

Vielleicht entdeckt der geneigte Leser jetzt, am Ende des Buches, warum es sinnvoll ist, sich der Geschichte der großen Gedanken auszusetzen. Haben die Philosophen einst meinen können, mit den alphabetischen Zeichen die Sprache der Götter erlernt zu haben, so erscheint das Genom nunmehr als universale Blaupause, als Konstruktionsplan, der der Schöpfung vorausgeht. Und doch ist dies nichts weiter als ein Glaube, genauer: eine Form der Selbstverzauberung.

Der Trick ist überaus simpel – und schon Platon und Kant haben ihn meisterhaft beherrscht. Will man ein Kaninchen aus einem Zylinder hervorholen, muss man es zuvor hineingesteckt haben. Diesen Zusammenhang zu leugnen und von einer Naturtatsache zu sprechen, beschreibt den Sündenfall der Naturwissenschaft. Nicht zufällig schlägt hier der Erkenntnisdrang in missionarischen Eifer um, mu-

1996 Dolly, das erste klonierte Säugetier, erblickt das Licht der Welt. Obwohl Schafe eine Lebenserwartung von bis zu zwanzig Jahren haben, wird Dolly 6½-jährig eingeschläfert, schon frühzeitig von Arthritis und Alterserscheinungen geplagt.

tiert der Forscher zum »Genpanscher«, der seinen Vorurteilen freie Bahn lässt – und dies umso enthemmter, als er sich nicht als Schreibender (als Romanschriftsteller und *Fiktionsproduzent*) auffasst, sondern als derjenige, der unumstößliche Naturwahrheiten verkündet. Und so begnügten sich Watson und Crick keineswegs damit, das Modell ihrer Doppelhelix zu erläutern, sondern fügten ihrer Lehre allerlei sonderbare Dinge hinzu: dass Schwarze sexuell aktiver, aber weniger intelligent seien, dass die Seele nichts weiter als ein gigantischer Molekülhaufen sei, dass es besser wäre, einen als homosexuell erkannten Embryo im Mutterleib abzutreiben, lauter »Gewissheiten«, deren lautstarke Propaganda nicht minder gruselig anmutet als die Selbstgewissheit der spanischen Inquisition.

Und doch: Vielleicht sind gerade diese Exzesse ein Beleg dafür, dass auch die DNA in die Welt der großen Gedanken gehört. Vielleicht ist jeder große Gedanke immer auch ein großes Missverständnis oder eine große Lüge, je nachdem. Dabei ist es keineswegs so, dass er mit lügnerischer Absicht in die Welt gesetzt würde, ganz im Gegenteil. Es sind durchaus nachfühlbare Wünsche, die uns dazu bringen, den eigenen Fantasien auf den Leim zu gehen. Vor allem ist hier der Wunsch federführend, irgendein unfehlbares Mittel zu besitzen, ein geistiges Koordinaten- und Orientierungssystem, das uns hilft, uns in einer schwierigen Welt zurechtzufinden. Haben sich magische Zeiten mit den Innereien der Tiere, mit dem Vogelflug und anderen göttlichen Zeichen beschäftigt, so haben wir unsere Wahrsagungsbedürfnisse nur mechanisiert – und sie in das Innere der Maschinen, in die Logik der Schriftsysteme und in das vermeintliche Expertenwissen gesteckt. Aber all dieses Wissen hat letzten Endes die Struktur einer sozialen Übereinkunft. Und weil die meisten Menschen einer Epoche dieselben Übereinkünfte teilen, vermag sich noch die groteske Unwahrscheinlichkeit zu sozialem Klebstoff zu verwandeln, wird zu einer *sozialen Wirklichkeit*, was der Sache nach eine Fantasie ist. Das ist womöglich der Grund, weshalb ich im Dogma der unbefleckten Empfängnis die größte aller Erfindungen sehe, hat es mich doch gelehrt, dass jede noch so absonderliche Konstruktion das Zeug zu einer Erlösungsreligion hat. Man kann das kritisieren – aber ebenso gut kann man bewundernd auf die Knie fallen. Und ich für meinen Teil tue dies umso bereitwilliger, als *dieses* Dogma (anders als die DNA) keinerlei Bedeutung mehr für uns hat. Denn es ist gerade diese Bedeutungslosigkeit, die sichtbar macht, was uns der Ernst des Lebens verbietet: die *comédie humaine*. So wie's in das eine Ohr hineingeht, so geht's aus dem anderen wieder heraus.

▶ ▶ ▶ ▶ ▶ ▶ ▶ ▶ ▶ ▶ ▶ ▶ ▶ ▶ ▶

2001 Die FAZ bejubelt die »Entschlüsselung des Genoms« nicht mit einem Text, sondern mit einer genetischen Buchstabenwüste. Feierte der Herausgeber Schirrmacher damit den Beginn des »biotechnologischen Zeitalters«, so gestehen seine Gewährsleute heute: »Unsere Annahmen waren so naiv, dass es schon fast peinlich ist« (Craig Venter).

Ulrich Woelk
Sternenklar

Ein kleines Buch über den Himmel

224 Seiten. Gebunden
€ 14,90 (D) / sFr. 27,50
ISBN 978-3-8321-8060-7

Was schenkt ein Astronom seiner Tochter zur Einschulung? Natürlich ein Fernglas. Doch welcher Lichtpunkt ist wirklich ein Stern und was unterscheidet ihn von einem Planeten? Stellas Vater erklärt ihr nach und nach den Kosmos. Anschaulich und leicht verständlich erläutert er die Gravitation, die er als den Klebstoff des Himmels bezeichnet, sagt, wie die Menschheit zum Heliozentrischen System kam, erklärt die Himmelsrichtungen und den Kalender ebenso wie die Relativitätstheorie oder das Navigationssystem.
Doch Ulrich Woelks elegant und klar geschriebenes Buch liest sich auch als Reflexion über die Vaterschaft. Mit Stolz und Freude folgt er den unverbildeten Gedankengängen seiner Tochter und erlebt durch ihre Augen die Entdeckung des Himmels noch einmal – vom ersten Staunen über den leuchtenden Mond bis zum Verständnis der komplexen Zusammenhänge unseres Universums.

»*Sophies Welt* auf astronomisch ... ebenso witzig wie lehrreich zu lesen.« *NZZ am Sonntag*

Nicola Kuhrt / Irene Meichsner
Warum kriegt der Specht kein Kopfweh?

Geheimnisse des Alltags und ihre verblüffenden Erklärungen

128 Seiten mit zehn Illustrationen
von Susanne Kracht. Gebunden
€ 9,90 (D)/sFr. 18,90
ISBN 978-3-8321-8062-1

Warum schwimmt der gekochte Knödel oben? Wie zählt man Sterne? Warum zittert Espenlaub?
Manche Fragen klingen einfacher, als sie sind. Denn oft geben uns gerade die einfachen, alltäglichen Dinge die größten Rätsel auf. Die Journalistinnen beantworten Fragen, die Sie sich schon immer gestellt haben: intelligent, aber nicht belehrend; hintergründig und amüsant.
Nicola Kuhrt und Irene Meichsner zeigen, wie unglaublich spannend die Welt ist und dass wir viel weniger wissen, als wir glauben. Oder wissen Sie vielleicht, warum der Specht keine Kopfschmerzen bekommt?

Unterhaltsam, vergnüglich und dabei überaus lehrreich – ein Kaleidoskop wissenschaftlicher Alltagsphänomene.